Heinz Burnus

Datenbankentwicklung in IT-Berufen

Heinz Burnus

Datenbankentwicklung in IT-Berufen

Eine praktisch orientierte Einführung mit MS Access und MySQL

Mit 123 Abbildungen

vieweg

Bibliografische Information Der Deutschen Nationalbibliothek
Die Deutsche Nationalbibliothek verzeichnet diese Publikation in der Deutschen Nationalbibliografie;
detaillierte bibliografische Daten sind im Internet über <http://dnb.d-nb.de> abrufbar.

Das in diesem Werk enthaltene Programm-Material ist mit keiner Verpflichtung oder Garantie irgend-
einer Art verbunden. Der Autor übernimmt infolgedessen keine Verantwortung und wird keine daraus
folgende oder sonstige Haftung übernehmen, die auf irgendeine Art aus der Benutzung dieses
Programm-Materials oder Teilen davon entsteht.

Die Wiedergabe von Gebrauchsnamen, Handelsnamen, Warenbezeichnungen usw. in diesem Werk
berechtigt auch ohne besondere Kennzeichnung nicht zu der Annahme, dass solche Namen im
Sinne von Warenzeichen- und Markenschutz-Gesetzgebung als frei zu betrachten wären und daher
von jedermann benutzt werden dürfen.

Höchste inhaltliche und technische Qualität unserer Produkte ist unser Ziel. Bei der Produktion und
Auslieferung unserer Bücher wollen wir die Umwelt schonen: Dieses Buch ist auf säurefreiem und
chlorfrei gebleichtem Papier gedruckt. Die Einschweißfolie besteht aus Polyäthylen und damit aus
organischen Grundstoffen, die weder bei der Herstellung noch bei der Verbrennung Schadstoffe
freisetzen.

1. Auflage 2008

Alle Rechte vorbehalten
© Friedr. Vieweg & Sohn Verlag | GWV Fachverlage GmbH, Wiesbaden 2008

Lektorat: Günter Schulz / Andrea Broßler

Der Vieweg Verlag ist ein Unternehmen von Springer Science+Business Media.
www.vieweg.de

Umschlaggestaltung: Ulrike Weigel, www.CorporateDesignGroup.de
Druck und buchbinderische Verarbeitung: MercedesDruck, Berlin
Gedruckt auf säurefreiem und chlorfrei gebleichtem Papier.
Printed in Germany

ISBN 978-3-8348-0152-4

Vorwort

Das Thema Datenbanken und Datenbankentwicklung ist sehr umfangreich und vor allem sehr komplex. Für das Zielpublikum dieses Buches – Auszubildende in den IT-Berufe, aber auch Studierende und SchülerInnen der Oberstufe mit dem Nebenfach Informatik und dem Schwerpunkt Datenbanken – versuche ich, mit diesem Buch eine möglichst einfach gehaltene Einführung in diese Thematik zu geben. Das Ziel ist dabei die Entwicklung von Datenbanken theoretisch und praktisch zu „begreifen". Mein Schwerpunkt liegt auf der Darstellung von Grundbegriffen, Grundzusammenhängen und Konzepten und nicht so sehr auf der Erstellung möglichst komplexer Datenbanken mit Microsoft® Access oder MySQL. Dazu existiert genügend umfangreiche Literatur, die bei Bedarf zu Rate gezogen werden kann. Das Buch ist aber auch keine zu theoretische Darstellung der Thematik. Gewisse Betrachtungen – etwa die Relationalgebra – fehlen daher absichtlich. Auch hierzu kann der daran Interessierte genügend Alternativliteratur finden.

Trotzdem muss die Datenbankentwicklung mit einem (kurz gehaltenen) theoretischen Fundament eingeführt werden. Danach erläutere ich die praktische Umsetzung am Beispiel der *Schulverwaltung* einer beruflichen Oberstufe. Diese Implementierung zeige ich mit den Datenbankprogrammen Microsoft® Access und MySQL. Zahlreiche Übungsbeispiele setzen auf dem Beispiel *Schulverwaltung* auf und sollen die aufgezeigten Lerninhalte verdeutlichen.

Die anderen Aufgaben sind als Kontroll- und Vertiefungsaufgaben konzipiert und zielen nicht nur auf eine bloße Wiedergabe der dargestellten Inhalte ab. Oft müssen bei diesen Aufgaben andere Quellen studiert werden, um die dort gewonnenen Erkenntnisse mit den Inhalten dieses Buches zu verknüpfen. Für Übungszwecke stehen die jeweilige Rohdatenbank und Lösungshinweise zu ausgewählten Aufgaben im Internet zur Verfügung – URL: http://www.h-burnus.de.

Die „Access-Praxis" habe ich mit einer Datenbank im Access-2000-Format mit Hilfe der Microsoft® Access-Version 2002 SP-1 realisiert. Sollten die Übungsbeispiele mit einer anderen Version nicht funktionieren, wäre ich über eine diesbezügliche Mitteilung

– am besten per E-Mail an *db-entwicklung@h-burnus.de* – dankbar. Für die „MySQL-Praxis" verwendete ich – serverseitig – die MySQL-Version 5.0.18 – aufgesetzt auf ein Linux-Betriebssystem (Distribution: Fedora 5.0). Auch hier hoffe ich auf ein Feedback bei Schwierigkeiten mit anderen Versionen.

Es ist mir bewusst, dass dieses Buch Verbesserungen bedarf, und ich bitte alle LeserInnen um Unterstützung und Hinweise dafür – am besten per E-Mail an die oben genannte Adresse. Ich hoffe auf ein starkes Echo in jede Richtung. Eine daraus entstehende Fehlerliste, notwendige Ergänzungen und – wie bereits erwähnt – die Datenbanken mit Lösungshinweisen für ausgewählte Übungsaufgaben können im Internet bei der oben angegebenen URL abgerufen werden.

Das Verfassen eines Buches ist eine große Anstrengung – vor allem das „Fertig-Werden-Mit-Dem-Schreiben". Ich möchte an dieser Stelle den vielen Personen danken, die mir bei dieser Arbeit geholfen haben, vor allem bei meiner Frau, die – neben dem „Ertragen" – dankenswerterweise auch die Korrektur übernahm. Seitens des VIEWEG-Verlags haben mich Frau Andrea Brossler und Dr. Riccardo G. Mosena bei den kleinen Sorgen und den größeren Problemen (v.a. die „doppelten" ☺) in ganz besonders hervorragender Weise unterstützt. Ihnen möchte ich an dieser Stelle noch einmal ausdrücklich danken.

Gachenbach, September 2007   Heinz Burnus

Bedeutung der Randsymbole:

(?)   Übungsaufgaben, Kontroll- oder Vertiefungsfrage

(i)   Regel, Satz oder Merksatz

(!)   Wichtige Informationen

Inhaltsverzeichnis

Abbildungsverzeichnis

1 Grundbegriffe

Die Vorgänger der modernen Rechner wurden für das Ausführen von Rechenoperationen entwickelt. Im naturwissenschaftlichen Gebiet lag der Schwerpunkt auf der numerischen Berechnung von Gleichungen, im kaufmännischen Bereich standen umfangreiche Additionen und Zinsberechnungen im Vordergrund der Anwendungen. Mit der Einführung externer Speichermedien (Lochkarte, Bandlaufwerk, Diskette, Festplatte, Speicherkarte usw.) verlagerte sich der Anwendungsschwerpunkt der Rechenanlagen auf die Verarbeitung der gespeicherten Daten. Es entstand die elektronische Datenverarbeitung (EDV).

Bei dieser EDV hat der Rechner die Aufgabe, eingegebene Daten zu verarbeiten und wieder auszugeben. Vereinfacht gesehen hat der Rechner damit keine „Rechenaufgaben" mehr zu erfüllen, sondern die in der Literatur immer wieder genannten „klassischen" Aufgaben:

- **Dateneingabe**
- **Datenverarbeitung** (im Sinne des Erzeugens neuer Daten mit Hilfe der eingegebenen bzw. gespeicherten Daten)
- **Datenspeicherung** (im Sinne der Speicherorganisation auf internen oder externen Speichermedien)
- **Datenausgabe**

Datenbanken sind spezielle Softwarelösungen, die diese Aufgaben – auch für sehr umfangreiche Datenbestände – „erledigen". Datenbanken werden mit einer entsprechenden Datenbanksoftware erstellt. Dabei ermöglichen moderne Programmversionen mit grafisch orientierten Bedienoberflächen auch das Kreieren hochkomplexer Datenbankstrukturen. Dies verleitet oft zum Trugschluss, dass die Datenbankerstellung bzw. -entwicklung ausschließlich am Rechner mit Hilfe einer Datenbanksoftware erfolgen kann.

Tatsächlich besteht die Datenbankentwicklung immer aus einer – nach festen Regeln ablaufenden – schrittweisen Analyse der zu verarbeitenden Daten und der zugrunde liegenden Strukturen.

Erst im letzten und abschließenden Entwicklungsschritt erfolgt dann die Implementierung mit Hilfe einer Datenbanksoftware. Vor der Arbeit am Rechner liegt also zunächst „Kopfarbeit", und dafür müssen einige Grundbegriffe näher erläutert werden.

1.1   Information und Daten

Im normalen Alltag hat es sich durchgesetzt, diese Begriffe synonym zu verwenden. So erklärt das DUDEN-Fremdwörterbuch (1997) zum Begriff *Information*:

1. Nachricht; Auskunft; Belehrung; Aufklärung...

2. als räumliche oder zeitliche Folge physikalischer Signale, ..., zusammengesetzte Mitteilung, die beim Empfänger ein bestimmtes (Denk)verhalten bewirkt ...

Dies entspricht aber eher der Definition des Begriffs „Daten". Tatsächlich besteht nämlich ein wichtiger Unterschied zwischen Information und Daten, der am besten mit einer Charakterisierung der beiden Begriffe aufgezeigt werden kann.

- *Information* selbst entspricht der Eigenschaft der umgebenden Welt. Sie ist immer an ein Medium (z.B. Papier oder elektrisches Signal) gebunden.

- *Daten* sind gespeicherte Informationen, d.h. Informationen, die in Form von Zeichen (z.B. Buchstaben auf Papier) oder Signalen (z.B. elektrische Signale, Töne, Lichtblitze usw.) vorliegen und daher verarbeitet werden können.

Eine grafische Darstellung des Zusammenhangs zwischen den beiden Begriffen bietet Bild 1. Darin zeigt sich auch, dass die Datenverarbeitung als die Grundlage einer jeden Informationsverarbeitung angesehen werden kann.

Für den Menschen ist der Prozess der Informations- bzw. Datenverarbeitung standardisiert und automatisiert. Lediglich in einer „neuen Umgebung" stößt man auf die Problematik der Repräsentation und Abstraktion – z.B. bei einem Auslandsaufenthalt, bei dem mühsam die Begriffe aus der „fremden" Sprache erst in die „eigene" Sprache übersetzt werden müsssen.

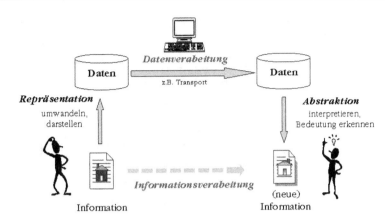

Bild 1: Daten- und Informationsverarbeitung [nach HUBWIESER (2000)]

Für einen Rechner ist der Datenverarbeitungsprozess immer ein höchst komplexer Vorgang, da die Daten i.d.R. binär verarbeitet werden. Damit sind immer „Umwandlungen" erforderlich, die bei der Informationseingabe (= Repräsentation) und -ausgabe (= Abstraktion) fehlerfrei verlaufen müssen. Ebenso fehlerfrei muss auch die Datenverarbeitung selbst erfolgen. Genau dafür ist eine sinnvolle Datenorganisation notwendig.

1.2 Datenorganisation

Die Datenorganisation ist die Grundlage einer effizienten Datenverarbeitung. Eine sinnvolle Datenorganisation sollte folgende Kriterien erfüllen:

- Datenunabhängigkeit

  Der Zugriff auf die gespeicherten Daten (allgemeiner ausgedrückt: die Organisation der Daten) ist nicht nur unabhängig vom jeweiligen Anwendungsprogramm, sondern auch vom physischen Speicherplatz (z.B. Festplatte, Diskette, CD, usw.). Oft wird hierunter auch die Forderung nach der Unabhängigkeit vom logischen Speicherplatz (d.h. Verzeichnis bzw. Ordner) verstanden.

- Benutzerfreundlichkeit

  Die Datenorganisation soll für den Benutzer einfach und nach Möglichkeit mit grafischer Bedienungsoberfläche (GUI – *g*raphical *u*ser *i*nterface) erfolgen.

- Mehrfachzugriff

  Die Datenorganisation muss die Möglichkeit eines Mehr-
  fachzugriffs (d.h. 2 Nutzer können auf die gleichen Daten
  zugreifen) erlauben.

- Effizienz

  Die Datenorganistation muss einen schnellstmöglichen
  Zugriff auf die Daten ermöglichen.

- Datenschutz

  Die Datenorganisation muss die Einhaltung gesetzlichen
  Bestimmungen zum Datenschutz gewährleisten können.
  Dazu gehören insbesondere der Schutz der personenbe-
  zogenen Daten.

- Datensicherheit

  Die Datenorganisation muss die Daten gegen Auswirkun-
  gen von Programm- und Hardwareausfällen schützen. Das
  erfolgt meistens durch die Möglichkeit einer Wiederherstellung (*recovery*) nach einem Systemausfall.

- Datenintegrität

  Die Datenorganisation muss die Daten vollständig und
  widerspruchsfrei verwalten.

- Redundanzfreiheit

  Die Datenorgansation sollte die Daten möglichst nur einfach, d.h. nicht mehrfach speichern.

Diese Anforderungen sind idealtypisch und stehen z.T. miteinander in Konkurrenz. So kann die Verwirklichung der Redundanzfreiheit große Einbußen bei der Effizienz einer Datenorganisation verursachen.

In wesentlichen Teilen entsprechen die o.a. Anforderungen den
Regeln, die Edgar Frank Codd (1923-2003) als Grundlagen für
das relationale Datenbankmodell aufgestellt hat.

Grundsätzlich existieren für die Realisierung einer Datenorganisation in einem Rechner zwei Möglichkeiten:

   1. Dateisystem

   2. Datenbank

Die Datenorganisation mit Hilfe eines Dateisystems erfüllt die
o.a. Kriterien nur sehr unzureichend. Dateisysteme und v.a. das

sog. Dateikonzept haben grundsätzliche Bedeutung in einem Rechner, daher müssen noch ein paar Begriffe erläutert werden.

1.3 Dateikonzept

Rechner speichern Daten unabhängig vom Speichermedium in sog. Dateien ab. Diese Vorgehensweise resultiert aus der Geschichte der Rechenmaschinen. In den Anfängen der Computertechnik wurden die Daten auf sog. Lochkarten gespeichert (Bild 2).

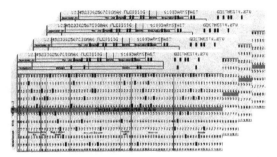

Bild 2: Lochkarten

Zusammenhängende Daten auf einer oder mehreren Lochkarten wurden als *Datensatz* bezeichnet. Diese Bezeichnung entstand aus dem bildhaften „Lochkartensatz", und sie wurde auch bei den modernen Speichermedien beibehalten. Zunächst bestand aber das Problem, dass die Datensätze nur mit dem sie erzeugenden Programm bearbeitet werden konnten. Um eine „programmfremde" Bearbeitung zu ermöglichen, wurde ein einheitlicher Rahmen für zusammengehörende Datensätze entwickelt, der als sog. *Datei* benannt wurde.

Heute versteht man unter einer Datei einen Behälter für die dauerhafte Speicherung von Daten. Genauer gesagt ist eine Datei eine logische Speichereinheit, die ein Betriebssystem auf physische Geräte abbildet, d.h. ein zusammenhängender logischer Adressraum. Dabei unterscheiden sich Dateien im sog. *Dateityp*, d.h. in der Art der gespeicherten Daten (z.B. Dokumente und Programme), bei einigen Betriebssystemen erkennbar durch die Namenserweiterung der Datei, dem *Dateisuffix*, (z.B. .exe)

Grundsätzlich gilt bei einem Rechner: „alles ist Datei". Die Funktionsweise des Rechners ist dateibasiert, d.h. auch die „Vorschriften" für die grundsätzlichen Funktionen sind Dateien – allerdings sind diese Verwaltungsdateien, sog. *Meta-Dateien*, für den normalen Benutzer nicht sichtbar.

1.4 Kontroll- und Vertiefungsfragen

A 1 ◯ *Untersuchen Sie bei einem Dateisystem Ihrer Wahl, inwieweit die Zielsetzungen einer sinnvollen Datenorganisation erfüllt werden.*

A 2 ◯ *Informieren Sie sich mit Hilfe einschlägiger gesetzlicher Texte über den Unterschied zwischen dem Datenschutz und der Datensicherheit.*

A 3 ◯ *Erstellen Sie eine Übersicht mit Vor- und Nachteilen der derzeit wichtigsten Dateisysteme.*

A 4 ◯ *Vergleichen Sie die Möglichkeiten der Wiederherstellung der Daten (recovery) eines Datenbanksystems mit einem Dateisystem.*

A 5 ◯ *Welche Probleme ergeben sich aus der Forderung nach der sog. Datenpersistenz?*

2 Datenbanksysteme

2.1 Datenintegration

Ein Dateisystem bietet bei der Organisation von Daten nur ein-
geschränkte Möglichkeiten. So ist z.B. ein Zugriff mit Hilfe eines
Dateisystems auf die einzelnen Daten nur über das (jeweils er-
zeugende) Anwendungsprogramm möglich (Bild 3) und damit
die Forderung nach Datenunabhängigkeit nicht erfüllt.

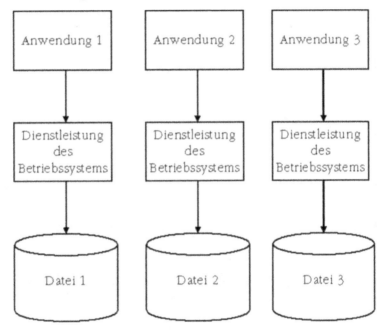

Bild 3: Datenorganisation mit Dateisystem

Datenbanksysteme beseitigen bzw. vermeiden weitere typischen
Probleme, die durch die Datenorganisation mit Hilfe von Datei-
systemen entstehen. Diese Systeme integrieren die Daten (Bild 4)
und ermöglichen so eine zuverlässige, unabhängige und komfor-
table Verwaltung der Daten.

2.2   Komponenten eines Datenbanksystems

Als Datenbanksystem (DBS) bezeichnet man eine Gesamtheit von miteinander in Beziehung stehenden Daten, die zentral von einem *Datenbankmanagementsystem* verwaltet werden (daher auch *Datenbankverwaltungssystem*).

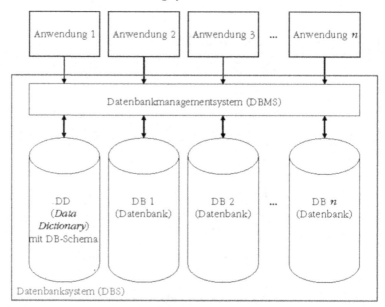

Bild 4: Komponenten eines DBS

Ein DBS besteht aus folgenden Komponenten (Bild 4):

- **Datenbasis** (*data base*) = Gesamtheit aller Daten

  Sie besteht aus Objekten (z.B. Artikel, Lieferanten) und Beziehungen zwischen den Objekten (z.B. welcher Lieferant liefert welchen Artikel?), die meistens in Tabellen abgelegt werden.

- **Datenkatalog** (*data dictionary*) = Verwahrungsort für Metadaten

  In diesem „Katalog" werden alle Informationen über die Struktur von Daten, ihrer Eigenschaften sowie ihrer Verwendung gespeichert.

- **Datenbankmanagementsystem** (*data base management system*) = DBMS

  Dies ist eine Software zum Aufbau, zur Verwaltung, zur Kontrolle und zur Manipulation der Daten. Die in diesem Buch behandelten Programme sind Microsoft® Access und MySQL.

Die heute auf dem Markt erhältlichen DBMS können auch als Datenbanksysteme bezeichnet werden. Allerdings sind nicht bei jedem Programm die einzelnen erwähnten Komponenten eindeutig als solche erkennbar. So existiert bei Microsoft® Access eine komplette Datenbank als einzelne, sog. *mdb*-Datei (mdb = microsoft data base), in der alle Komponenten gespeichert sind. Bei MySQL werden dagegen mehrere Dateien angelegt, die

- die Daten (*.myd-Datei),

- die Datendefinitionen (*.frm-Datei)

- spezielle Indizes für einen schnellen Zugriff (*.myi-Datei)

enthalten[1] und damit eher die einzelnen Bestandteile eines DBMS repräsentieren.

2.3   Aufgaben eines Datenbanksystems

Neben der sog. Datenintegration erfüllt jedes DBS folgende Aufgaben:

- Datendefinition
  Darunter versteht man die Festlegung der Struktur der Daten bzw. Datenbasis.

- Datenmanipulation
  Sie umfasst die Datenpflege, d.h. das Eingeben, Ändern und Löschen von Datensätzen.

- Datenabfrage
  Dies ermöglicht Informationen aus der Datenbasis zu lesen.

- Datenkontrolle
  Darunter fällt die Verwaltung von Zugangs- und Zugriffsrechten.

---

[1] Je nach MySQL-Versionstyp kann auch ein anderer Dateisuffix verwendet werden.

- Datenübertragung

  Dazu gehört das Sichern, das Exportieren und Importieren von Daten.

2.4   ANSI-SPARC-Architektur-Modell

In der ersten Entwicklungszeit der Rechner- und Softwaretechnologie legten die Hersteller bzw. die Entwickler zunächst den Aufbau und die Architektur von Datenbanksystemen fest. Ähnlich wie in der Netzwerktechnologie kam es dadurch zu Inkompatibilitäten zwischen den verschiedenen Systemen. 1975 unterbreitete dann das ANSI[2]-SPARC[3]-Konsortium einen Vorschlag für die prinzipielle Architektur von Datenbanksystemen. An diese – 1978 genau formulierte und heute allgemein akzeptierte – Architektur orientieren sich sowohl die Hersteller von Datenbanksoftware als auch die Betreiber von Datenbanken.

Das Modell umfasst drei Ebenen (Bild 5):

- Interne Ebene

  Sie umfasst die physische Datenorganisation, d.h. die Art und Weise, wie die Daten auf den externen Speichern[4] abgelegt werden. Die Beschreibungssprache auf dieser Ebene wird als sog. *Data Storage Definition Language* (DSDL) bezeichnet. Sie ist ein Teil des DBMS, das sehr eng mit dem verwendeten Betriebssystem verbunden ist.

- Konzeptionelles Schema

  Dies wird auch als „Gemeinschaftssicht" bezeichnet und umfasst die logische Definition der Datenbank. Es werden alle Daten/Objekte und ihre Beziehungen zueinander beschrieben. Dazu gehört auch das verwendete Datenmodell (siehe Kapitel 3). Für die Beschreibung wird die sog. *Data Definition Language* (DDL) verwendet.

---

[2]   ANSI: American National Standards Institute

[3]   SPARC: Standards Planning and Requirement Commitee

[4]   alle Speicher, außer Hauptspeicher und CPU-Caches

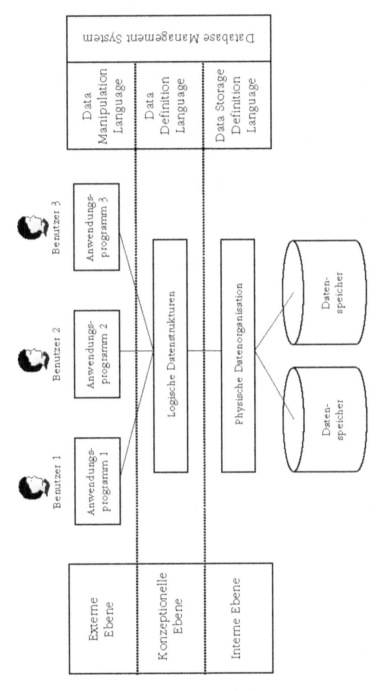

Bild 5: ANSI-SPARC-Architektur

- Externe Ebene

  Diese Ebene stellt dem jeweiligen Anwender (Benutzer oder Administrator) jeweils eine Sichtweise oder einen Ausschnitt (*view*) der Datenbank zur Verfügung. Die Beschreibung erfolgt mit der sog. *Data Manipulation Language* (DML).

Bei den in diesem Buch besprochenen sog. relationalen Datenbanksystemen sind DDL und DML ein Teil der Structured Query Language (SQL). Diese ist die verbreitetste (und damit wichtigste) Programmiersprache für relationale Datenbankmanagementsysteme (RDBMS). Mit der Beschreibung des RDBMS MySQL (Kapitel 5) ist daher auch eine (sehr kurz gehaltene) Einführung in diese Programmiersprache verbunden.

2.5   Wichtige Datenbankmodelle

Ein Datenbankmodell (vereinfacht oft auch als Datenmodell bezeichnet) ist die Beschreibung der logischen Sicht auf die Daten und der Beziehungen untereinander. Im Laufe der Computerentwicklung wurden verschiedene Modelle entwickelt und eingesetzt. Diese unterscheiden sich durch ihre logische Sicht auf die Daten, d.h. ihre formale Struktur. Die wichtigsten Modelle sind:

- Lineares Modell

  Das Modell der ersten Jahre entspricht im wesentlichen einer Textdatei. Der Zugriff auf die Daten ähnelt einer Stapelverarbeitung. Er erfolgt in einer bestimmten Reihenfolge und nacheinander.

- Hierarchisches Modell (Bild 6)

  Dieses Modell verwaltet die Daten mit Hilfe von Baumstrukturen mit jeweils einer Wurzel und mehreren Ebenen von Teilbäumen. Auf jedes Element zeigt dabei nur eine Verknüpfung. Der Zugriff erfolgt immer von der Wurzel über die einzelnen Verknüpfungen zum gesuchten Datenelement.

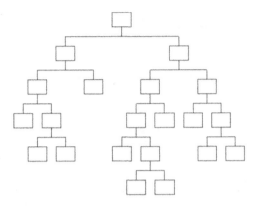

Bild 6: Prinzipbild eines hierarchischen Modells

- Netzwerkmodell

  Das Modell hat keine strenge Hierarchie, sondern ermöglicht viele Verknüpfungen zwischen den verschiedenen Datenelementen (Bild 7). Damit stellt dieses Modell eine Verallgemeinerung des hierarchischen Modells dar. Durch miteinander verbundene Indizes kann der Zugriff aus verschiedenen Richtungen erfolgen.

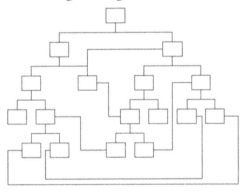

Bild 7: Prinzipbild eines Netzwerkmodells

- Relationenmodell

  In diesem Modell werden Tabellen (synonym für Relationen) verwendet, die miteinander in Beziehung stehen. Diese Beziehungen (Zusammenhänge zwischen den Inhalten der Tabelle) sind nicht festgelegt und können flexibel gestaltet werder. Daher sind die auf diesem Modell aufbauenden relationalen DB-Systeme variabler, für universelle Anwendungen geeigneter. Dieses Modell hat sich als *de-facto*-Standard für Datenmodelle durchgesetzt.

- Objektorientiertes Datenmodell

In diesem Modell werden die Daten nicht satzorientiert (hierarchisches und Netzwerkmodell) oder mengenorientiert (Relationenmodell) betrachtet. Grundlage (Datenbasis) eines objektorientierten Datenbanksystems (OODBS) ist die Sammlung von Objekten. In der objektorientierten Welt wird ein Objekt durch seine Eigenschaften und Operationen charakterisiert. Jedes Objekt kann dabei einen physischen Gegenstand, ein Konzept, eine Idee usw. repräsentieren.

2.6 Kontroll- und Vertiefungsfragen

A 6 ☐ *Informieren Sie sich über die derzeit verbreitetsten Datenbanksysteme. Erstellen Sie eine Übersicht, mit der Sie die Programme nach verschiedenen Kriterien (Preis, Verbreitung, Leistung, Hardwarebasis, Betriebssystembasis, Administration, Zuverlässigkeit usw.) vergleichen können.*

A 7 ☐ *Ordnen Sie die beiden Datenbanksysteme Microsoft® Access und MySQL in das ANSI-SPARC-Modell ein.*

3 Entwicklung von Datenbanksystemen

Die Entwicklung von Datenbanksystemen verläuft in verschiedenen Phasen. Zunächst analysiert man die sog. „Miniwelt", die man mit dem Datenbanksystem nachbilden will. Aus dieser Beschreibung abstrahiert man ein geeignetes Datenmodell, das in der aktuellen Datenbanktechnologie auch umgesetzt werden kann. In der letzten Phase wird das Datenmodell implementiert, d.h. konkret in einer Datenbanksoftware umgesetzt. Wie bereits erwähnt, steht also vor der Arbeit am Rechner die Entwicklungs-, besser gesagt die Modellierungsarbeit an.

Die Anzahl der Entwicklungsphasen wird in der Literatur unterschiedlich angegeben. Oft orientiert man sich am ANSI-Modell und gibt ebenfalls drei Ebenen für den Entwurf von Datenbanken vor (sog. 3-Ebenen-Architektur). Die in diesem Buch besprochene Datenbankentwicklung in vier Phasen spezifiziert vor allem die verschiedenen Umwandlungsschritte genauer und ist für die Zielrichtung dieses Buches weitaus besser geeignet. Ausgehend von einem einfachen Beispiel, *Schulverwaltung* (einer beruflichen Oberstufe), wird diese Datenbankentwicklung in vier Entwicklungsphasen aufgezeigt.

3.1 Entwicklungsphasen

Ein möglicher Entwurf eines Datenbanksystems ist die sehr verbreitete Variante, alle Daten mit Hilfe einer Tabelle zu pflegen. So könnte für die *Schulverwaltung* die Tabelle folgendes Aussehen annehmen (Bild 8).

Bei der *Schulverwaltung* mit Hilfe dieser einen Tabelle werden folgende Probleme auftreten:

- Ein Schüler hat i.d.R. mehrere Lehrer – daher muss für jeden Lehrer der gesamte Schülerdatensatz erneut eingegeben werden. Diese zusätzlichen Datensätze bezeichnet man als **redundant**.

Nr	Name	Vorname	G	Geb.-Dat	Kl.	Lehrer	Fach
1	Aust	Holger	M	15.03.1984	T12C	Krause	Physik
2	Eggeling	Daniel	M	24.07.1980	T12A	Wiesel	Physik
3	Glasner	Sebastian	M	30.03.1985	W12G	Urlaub	BW
4	Hartel	Christian	M	21.12.1979	T12C	Krause	Physik
5	Kramlich	Stefan	M	05.09.1985	W12F	Schweiß	BW
6	Lux	Wolfgang	M	06.01.1984	T12B	Renner	Mathe
7	Wainz	Andreas	M	23.01.1978	T13B	Blind	Mathe
8	Mühlbauer	Leopold	M	18.03.1982	W13D	Schweiß	VWL
9	Birzl	Daniela	W	29.07.1983	W13E	Urlaub	VWL
10	Edler	Daniel	M	04.02.1986	W13E	Blind	Mathe
11	Facher	Johann	M	25.12.1983	W13E	Blind	Mathe
12	Winkler	Katja	W	03.10.1982	W13E	Schlaak	Deutsch
13	Csiki	Judith	W	28.04.1983	W13D	Schweiß	VWL
14	Seemüller	Andreas	M	30.11.1977	T13B	Blind	Mathe
15	Kropf	Josef	M	09.05.1982	T13B	Blind	Mathe

Bild 8: Einfache Schulverwaltung mit einer Tabelle

- Die automatische Nummerierung der Tabellenzeilen ordnet in dem oben beschriebenen Fall den eigentlich gleichen Schülerdatensätze verschiedene Nummern zu – d.h. ein Schüler erhält dadurch verschiedene Nummern, die Datensätze eines Schülers sind somit *inkonsistent* zueinander.

- Bei einer Änderung der Daten eines Schülers müssen immer alle Datensätze dieses Schülers geändert werden – z.B. die Zuordnung eines Lehrers zu einem neuen Unterrichtsfach ändert sich ⇒ diese Änderung muss in allen Schülerdatensätzen (die von der neuen Zurodnung betroffen sind) vorgenommen werden, da sonst die Datenbank nicht mehr konsistent wäre. Diese Problematik bezeichnet man als *Änderungsanomalie*.

- Diese Problematik tritt auch beim Löschen von Schülern aus der Tabelle auf – es müssten dann alle betreffenden Schülerdatensätze herausgesucht und gelöscht werden.

- Werden alle Schülerdatensätze gelöscht, die von einer bestimmten Lehrkraft unterrichtet werden, dann würde – unter Umständen – auch der ganze Lehrerdatensatz aus der Tabelle verschwinden – also unbeabsichtigt gelöscht werden. Diese – ungewollte – Möglichkeit nennt man *Löschanomalie*.

- Das Anlegen bzw. Eingeben einer neuen Lehrkraft in die Tabelle kann nur in Verbindung mit einem zugehörigen Schüler geschehen. Diese sog. ***Einfügeanomalie*** tritt auch bei neuen Unterrichtsfächern oder neuen Klassen auf.

Externe Phase

- Ermittlung der Informationsbedarfs der Benutzer

- Ist-Aufnahme, -Analyse, Soll-Konzept

- Strukturierung dieser Informationen

- Ergebnis: Pflichtenheft, Fachliches Konzept

Informationsstruktur

Konzeptionelle Phase

- Formale und strukturierte Darstellung aller relevanten Objekte und deren Beziehungen untereinander

- Ergebnis: Entity-Relationship-Diagramm (ERD), Klassendiagramm (UML)

semantisches Modell

Logische Phase

- Umsetzung des semantischen Modells in ein [relationales] [hierarchisches] [objektorientiertes] Datenbankmodell

- Ergebnis: Relationen/Tabellen [relational]; Objekte/Beziehungen [objektorientiert]

Logisches/relationales Modell

Physische Phase

- Umsetzung des aus der logischen Phase entwickelten Datenbankmodells in ein DBMS (z.B.MySQL; Oracle oder Microsoft Access)

- Ergebnis: Datenorganisation und Zugriffsstrukturen; Implementierung

implementierte Datenbank

Bild 9: Phasen bei der Entwicklung von Datenbanken

Aus den beschriebenen Problemen ergibt sich die Notwendigkeit, die Datensätze anders aufzuteilen, sie in einem Datenbanksystem einzusetzen, so dass die oben genannten Fehlerquellen bzw. Anomalien vermieden werden. Diese Datenbank muss mit einer "sauberen", d.h. mit einer in vier Phasen strukturierten Vorgehensweise entwickelt werden (Bild 9).

3.2 Externe Phase

Ein Datenbanksystem soll Daten einer realen Welt verwalten. Daten repräsentieren die Informationen dieser realen Welt (vgl. Bild 1) . Die für das Datenbanksystem relevanten Informationen müssen zunächst gesammelt werden. Man beschränkt sich dabei nur auf die Aspekte, die für den Zweck des Datenbanksystems wichtig sind, also auf einen kleinen Teil der Realität, die sog. „Mini-Welt". Es entsteht dabei die sog. *Informationsstruktur* der nachgebildeten bzw. modellierten „Mini-Welt". Für das Sammeln und ggf. Ermitteln der Informationen können die bekannten Verfahren einer Ist-Aufnahme eingesetzt werden, z.B.

- Realitätsbeobachtungen

  Die Informationsgewinnung erfolgt mit Hilfe von genauen Beobachtungen in der zu modellierenden „Mini-Welt" (z.B. Schulverwaltung).

- Benutzersichtanalysen

  Mit Hilfe von Interviews und Befragungsbögen der beteiligten Personen können viele Informationen für die zu entwickelnde Datenbank gesammelt werden.

- Datenbestandsanalysen

  Bereits vorhandene Dokumente, z.B. Adresslisten bilden ebenfalls eine Grundlage für eine möglichst umfassende Informationsstruktur.

3.3 Konzeptionelle Phase

In dieser zweiten Phase der Datenbankentwicklung werden die Ergebnisse der ermittelten Informationsstruktur formalisiert. Dazu erfasst und beschreibt man alle relevanten Objekte und die Beziehungen zwischen den Objekten in einem sog. *semantischen Modell*. Da in dieser Phase verschiedene Strukturierungs- und Darstellungsverfahren verwendet werden können, unterscheiden sich auch die resultierenden Modelle. Die beiden wichtigsten Modelle sind das:

- Klassenmodell

  Das Klassenmodell wird mit Hilfe der Unified Modelling Language (UML) dargestellt und bildet i.d.R die Grundlage für objektorientierte Datenbanksysteme.

- **E**ntity-**R**elationship-**M**odell (ERM)

  Dieses Modell wurde von P. Chen 1976 entwickelt (vgl. CHEN (1976)) und bildet die Grundlage für relationale Datenbanksysteme (RDBMS). Es wird derzeit überwiegend bei der Entwicklung von Datenbanksystemen eingesetzt. Daher liegt auch auf diesem Modellierungsverfahren das Hauptaugenmerk.

Bauelemente des Entity-Relationship-Modells

- Entität (*entity*)

  Eine Entität ist ein eindeutig identifizierbares Objekt aus der realen Welt, z.B.
  - ein Individuum (z. B. der Schüler Aust),
  - ein reales Objekt (z. B. ein Klassenraum),
  - ein abstraktes Konzept (z. B. das Fach Physik),
  - ein Ereignis (z. B. eine schriftliche Prüfung).

- Entitätsmenge bzw. Entitätstyp
  (*entity set* bzw. *entity type*)

  Entitäten mit gleichen Merkmalen (z.B. alle Schüler) fasst man in Enititätsmengen (in diesem Beispiel: *klasse*) zusammen. Dabei müssen die Enitäten nicht die gleiche Merkmalsausprägung aufweisen (z.B. weiblich).

  Eine Entität bezeichnet man auch als eine Instanz einer Entitätsmenge. Entitäten und Entitätsmengen werden grafisch mit Rechtecken symbolisiert (Bild 10).

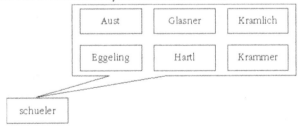

Bild 10: Grafische Notation von Entitätsmengen

- Beziehung (*relationship*)   (i)

Zwischen zwei (oder mehreren) Entitäten und damit schen ihren Entitätstypen kann eine Beziehung (Assoziation) auftreten bzw. modelliert werden. Die Kardinalität (*cardinality* – auch: Komplexität bzw. Komplexitätsgrad) einer Beziehung gibt dabei an, wieviel Entitäten der Entitätsmenge E1 einer beliebigen Entität der Entitätsmenge E2 zugeordnet sein können. Die möglichen Beziehungsarten (besser: Kardinalitäten) sollen mit dem Beispiel *Schulverwaltung* aufzeigt werden:

Einfach-Einfach-Beziehung – 1:1-Beziehung
Jede Klasse belegt immer genau ein (Stamm-) Klassenzimmer, bzw. in einem Klassenzimmer ist auch nur immer eine Klasse untergebracht (Bild 11).

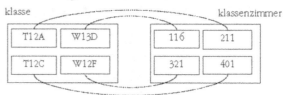

Bild 11: Einfach-Einfach-Beziehung (Kardinalität *1:1*)

Einfach-Komplex-Beziehung – 1:n-Beziehung
Jede Klasse wird von mehreren Schülern besucht, aber jeder Schüler kann nur in einer Klasse eingeteilt sein (Bild 12).

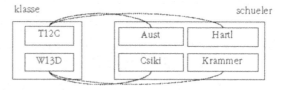

Bild 12: Einfach-Komplex-Beziehung (Kardinalität *1:n*)

Komplex-Komplex-Beziehung – n:m-Beziehung
Eine Klasse kann von mehreren Lehrern (in verschiedenen Fächern) unterrichtet werden. Ein Lehrer kann in mehreren Klassen unterrichten (Bild 13).

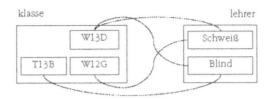

Bild 13: Komplex-Komplex-Beziehung (Kardinalität *n:m*)

Selbstreferenz

Einen Sonderfall einer Beziehung stellt die sog. Selbstreferenz dar, die auch rekursive Assoziation genannt wird. Hier besteht die Beziehung innerhalb einer Entitätsmenge und nicht zwischen zwei Entitätsmengen.

Beispiel: Ausgehend von folgender Beschreibung:

> *In Dateisystemen gibt es Dateien und Verzeichnisse (mit Namen). In Verzeichnissen können wiederum Dateien mit Verzeichnissen enthalten sein.*

> kann ein Dateisystem mit dem ERD in Bild 14 dargestellt werden

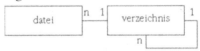

Bild 14: Grafische Notation einer rekursiven Assoziation

- Attribut (*attributes*)

Ein Attribut beschreibt eine Eigenschaft, die alle Entitäten einer bestimmten Entitätsmenge aufweisen. Es besteht aus einem Namen und dem eigentlichen Wert. Im Beispiel *Schulverwaltung* ergibt sich Bild 15:

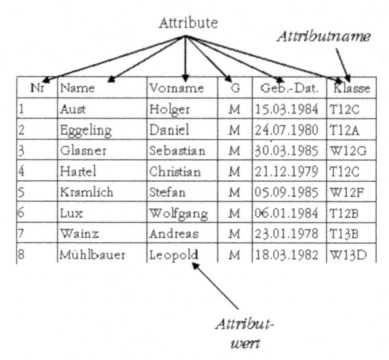

Bild 15: Attributnamen und -werte der Entitätsmenge *schueler*

Attribute werden grafisch mit Ovalen repräsentiert (Bild 16).

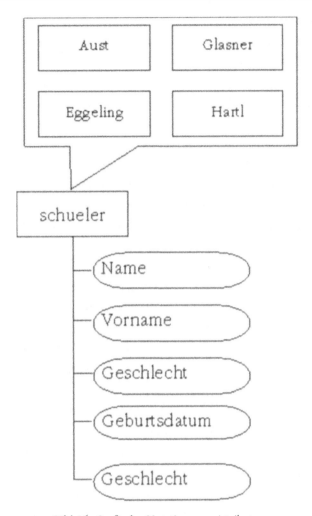

Bild 16: Grafische Notation von Attributen

Grafische Darstellung – ER-Diagramm

Für die grafische Darstellung eines ERM – sog. ERD (*entity-relationship-diagram*) – existieren verschiedene Notationsformen. Beim sog. *Chen-Diagramm* (vgl. CHEN (1976)) werden die Entitätsmengen als Rechtecke und die Beziehungen als Verbindungslinien, unterbrochen durch (beschreibende) Rauten dargestellt. Die Angabe der Kardinalität der Beziehung wird hierbei in der bereits bekannten Form (1:1, 1:n oder n:m) oberhalb der Verbindungslinie angetragen (Bild 17).

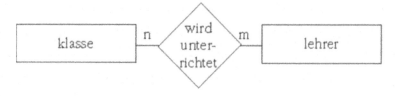

Bild 17: Chen-Diagramm

In der sog. *numerischen Notation* ((min,max)-Notation) erscheint unterhalb der Linie die minimale bzw. maximale Anzahl der möglichen Zuordnungen (Bild 18).

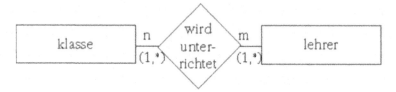

Bild 18: *Chen-Diagramm* erweitert um numerische Notation

Bei einer anderen Variation des *Chen-Diagramms* – sog. *Bachman-Notation* verzichtet man auf die Beschreibung der Beziehung, d.h. die Raute entfällt (Bild 19).

Bild 19: *Bachman-Diagramm*

Erweiterung des ERM

Seit seiner Entstehung wurde das ERM vielfach weiterentwickelt. Die wichtigsten Erweiterungen, wie z.B.

- Klassifizierung/Vererbung (Wiederverwendung von Entitätsmengen)

- Generalisierung/Spezialisierung (Zusammenfassung von ähnlichen Entitätsmengen)

- Aggregation (Zusammenfassung von Attributen zu Klassen höherer Ordnung)

- Schwache Entitätsmengen (Existenz; Abhängigkeit unter Entitätsmengen)

- Erweiterung der Beziehungen (Muss-Kann-Beziehungen)

haben aber für die hier behandelte einfache Datenbankentwicklung keine große Relevanz.

Vorgehensweise beim Erstellen eines ERMs

Beim Erstellen eines ERM wird zunächst die sog. Informationsstruktur (siehe 3.2 Externe Phase) genau durchgearbeitet. Folgende Vorgehensweise hat sich bewährt:

① In einer schriftlichen Beschreibung sind alle Substantive darauf zu prüfen, ob Sie als Entitäten in Frage kommen. Wichtig ist hierbei die Unterscheidung zwischen dem Objekt (Entität), seiner Eigenschaft (Attribut) und ggf. einer Beziehung. Gleiche Wesensmerkmale können für eine Zusammenfassung (Entitätsmenge) dienen.

② Jetzt kann eine Festlegung der einzelnen Entitäten (bzw. Entitätsmengen) und ihrer Beziehungen zueinander erfolgen.

③ Danach werden die Beziehungen klassifiziert, d.h. die Kardinalität bestimmt.

Beim Aufstellen (Modellieren) eines ERMs können sich aufgrund unterschiedlicher Interpretationen und Sichtweisen durchaus verschiedene Modelle ergeben. Am Beispiel *Schulverwaltung* soll dies einmal exemplarisch vorgeführt werden.

Informationsstruktur:

> *Lehrer unterrichten in verschiedenen Fächern. Eine Klasse wird in diversen Fächern unterrichtet. Schüler besuchen nur eine Klasse. Eine Lehrkraft hat eine Klassenleitung (d.h. ist Klassenleiter in einer Klasse) und eine Klasse hat einen Klassensprecher.*

ERM 1:

① Lehrer, Fächer, Klasse, Schüler, Klassleitung, Klassensprecher – zu unterscheiden ist: Klassleitung = Beziehung zwischen Lehrer und Klasse; Klassensprecher = Beziehung zwischen Schüler und Klasse

②/③
Die gegebene Informationsstruktur kann in das ERM (Bild 20) modelliert werden.

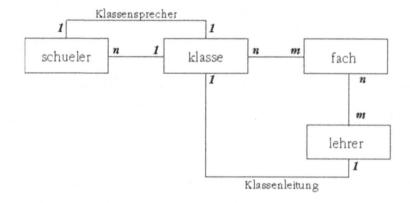

Bild 20: ERM 1 – *Schulverwaltung*

ERM 2:

① Lehrer, Fächer, Klasse, Schüler, Klassleitung, Klassensprecher – zu unterscheiden ist: Klassleitung und Klassensprecher = Attribute der Klasse

②/③
Die gegebene Informationsstruktur kann in das ERM (Bild 21) modelliert werden.

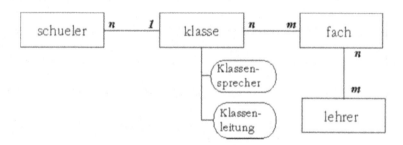

Bild 21: ERM 2 – *Schulverwaltung*

Die – nur auf dem ersten Blick – unterschiedlichen Ergebnisse in Form von ER-Modellen „gleichen" sich aber im Verlauf der weiteren DB-Entwicklung „aus", wie in der nächsten Phase zu sehen ist.

Aufgaben zur konzeptionellen Phase

A 8 ○ *Ermitteln Sie die Kardinalitäten für folgende Beziehungen in Bild 22:*

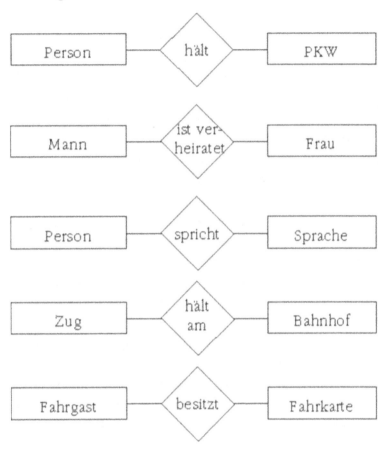

Bild 22: A 8 – Bestimmung von Kardinalitäten

A 9 ○ Folgender kurzer Ausschnitt aus einem Entwurf zur Modellierung der Informationsstruktur eines Unternehmens ist gegeben:

„In einer Abteilung ist mindestens ein Mitarbeiter tätig. Allerdings kann der Mitarbeiter nur einer Abteilung zugeordnet sein. Die Unternehmung arbeitet an mehreren

Projekten, wobei manche Projekte auch abteilungsüber-
greifend abgewickelt werden."

*Erstellen Sie mit Hilfe dieses Ausschnittes ein semanti-
sches Modell.*

A 10 ○ *Erweitern Sie das ER-Modell* Schulverwaltung *um die Leistungsbewertung (Noten oder Punkte) der SchülerInnen.
Geben Sie von der einfachen Schulverwaltung aus und
benutzen Sie dann zusätzlich folgende Informationen:*

„Jeder Schüler erhält im jeweiligen Fach (und damit
auch von der jeweiligen Lehrkraft) am Jahresende Leistungsbewertungen (Noten oder Punkte)."

A 11 ○ *Erweitern Sie das ER-Modell aus A 10 um die einzelnen
Leistungsbewertungen (Noten oder Punkte) der SchülerInnen in den jeweiligen Fächern. Benutzen Sie dazu
folgende Informationen:*

„Jeder Schüler erhält im jeweiligen Fach (und damit
auch von der jeweiligen Lehrkraft) während des Schul-
jahres Leistungsbewertungen (Noten oder Punkte) in
mündlicher und schriftlicher Form. Aus diesen Einzel-
bewertungen errechnet sich dann am Jahresende die
endgültige Note (bzw. Punktzahl)."

A 12 ○ *Stellen Sie folgende Informationsstruktur als ERM dar.*

„Die Zeitschriften eines Verlages werden in unterschiedlichen Niederlassungen gedruckt. Jede Niederlassung
versorgt verschiedene Vetriebszentren, von denen aus
die Zeitschriften an die Vertriebspartner weitergeleitet
werden."

3.4   Logische Phase

Aus dem semantischen Modell wird in dieser Phase der Datenbankentwicklung das sog. logische Modell entwickelt. Ausgehend vom gewählten Modell *Schulverwaltung* als ERM ergibt sich für das zugehörige logische Modell das Relationenmodell.

Während das ERM die Grundbegriffe Entität, Entitätsmenge, Beziehung, Kardinalität und Attribut umfasst, gibt es im relationalen Modell nur den Grundbegriff der Relation (Tabelle). Das bedeutet, dass das ERM in eine Tabellenansicht umgewandelt – oder transformiert – werden muss. Diese Transformation erfolgt mit Hilfe von 4 Regeln:

① Aus jeder einzelnen Entitätsmenge ergibt sich eine Relation (Tabelle). Die aus der Informationsstruktur hervorgehenden bzw. geforderten Eigenschaften (der einzelnen Entitätsmenge) erscheinen als Attribute (= Spalten) in der entsprechenden Relation.

In jeder Relation wird ein eindeutiges Attribut (sog. Schlüsselattribut (auch Schlüsselkandidat)) für die Indexierung festgelegt – der Primärschlüssel (*primary key*). Er muss eindeutige (*unique*) und minimale (bezüglich der Länge) Werte aufweisen. Ist der Primärschlüssel über ein zusätzlich eingeführtes Attribut in einer Relation realisiert, dann heißt er auch künstlicher Schlüssel (*artificial key*).

Attribute, die zusätzlich noch für eine Indexierung der Entitäten innerhalb einer Relation dienen, werden gelegentlich als sog. Sekundärschlüssel (*secondary key*) bezeichnet.

Beispiel *Schulverwaltung*

Aus dem ERM 1 (siehe Bild 20) folgen die Entitätsmengen *schueler*, *klasse*, *fach* und *lehrer*. Da die Informationsstruktur keine weiteren Attribute für die einzelnen Entitäten beschreibt, fügt man sinnvoll erscheinende Attribute hinzu, so dass sich die Relationen in Bild 23 - Bild 26 ergeben.

Die Primärschlüssel in den jeweiligen Relationen sind grau unterlegt. Die oben abgebildete Notationsform der Relationen – Tabellen belegt mit Einzelwerten – soll die Umwandlungsregeln anschaulicher darstellen.

schueler					
s_id	s_nam	s_vorname	s_g	s_gebdatum	s_klasse
1	Aust	Holger	M	15.03.1984	T12C
2	Eggeling	Daniel	M	24.07.1980	T12A
3	Glasner	Sebastian	M	30.03.1985	W12G
4	Hartel	Christian	M	21.12.1979	T12C
5	Kramlich	Stefan	M	05.09.1985	W12F
6	Lux	Wolfgang	M	06.01.1984	T12B
7	Wainz	Andreas	M	23.01.1978	T13B
8	Mühlbauer	Leopold	M	18.03.1982	W13D
9	Birzl	Daniela	W	29.07.1983	W13E
10	Edler	Daniel	M	04.02.1986	W13E
11	Facher	Johann	M	25.12.1983	W13E
12	Winkler	Katja	W	03.10.1982	W13E
13	Csiki	Judith	W	28.04.1983	W13D
14	Seemüller	Andreas	M	30.11.1977	T13B
15	Kropf	Josef	M	09.05.1982	T13B

Bild 23: Relation *schueler* (aus ERM 1)

klasse		
k_id	k_name	k_fachrich
2	T12A	Technik
3	T12B	Technik
4	T12C	Technik
5	T12D	Technik
6	W12E	Wirtschaft
7	W12F	Wirtschaft
8	W12G	Wirtschaft
10	T13A	Technik
11	T13B	Technik
12	W13C	Wirtschaft

fach	
f_id	f_name
1	BWR
2	Chemie
3	Deutsch
4	Englisch
5	Mathematik
6	Physik
7	Technologie/Informatik
8	VWL
9	Wirtschaftsinformatik
10	Sozialkunde

Bild 24 und 25: Relationen *klasse* und *fach* (aus ERM 1)

Kritisch ist das Anlegen eines künstlichen Schlüssels in der Relation *klasse*. Hier kann auch der eindeutige Klassenname als Primärschlüssel dienen. Zu bedenken ist aber, dass die zugehörigen Attributwerte eine Kombination aus Buchstaben und Zahlen darstellen, was zu Verzögerungen bei der Verarbeitung (Sortierung) führen kann.

lehrer				
l_id	l_name	l_vorname	l_titel	l_fach
1	Krause	Otmar	StD	Physik
2	Renner	Karlheinz	StD	Mathe
3	Balou	Benedikt	StR	Englisch
4	Spießbauch	Marita	StRin	Deutsch
5	Renner	Lieselotte	OStRin	Sozialkunde
6	Maierbach	Heinz	StR	Chemie
7	Schlaak	Nico	StR	Deutsch
8	Platsch	Luis	StR	Englisch
19	Zufall	Rainer	StR	Physik
20	Blind	Hans	OStR	Mathe
21	Kurrer	Hans	OStR	Deutsch
22	Schalk	Otto	StR	Deutsch
23	Wiesel	Fritz	StD	Physik
24	Schweiß	Axel	OStR	BW
25	Urlaub	Fahrin	StR	BW

Bild 26: Relation *lehrer* (aus ERM 1)

Aus dem ERM 2 (Bild 21) folgen die gleichen Entitätsmengen *schueler*, *klasse*, *fach* und *lehrer*. Lediglich die Attribute Klassleitung (k_leitung) und Klassensprecher (k_sprecher) sind bei der Relation *klasse* zu berücksichtigen (Bild 27).

klasse				
k_id	k_name	k_fachrich	k_sprecher	k_leitung
2	T12A	Technik	Paul	Krause
3	T12B	Technik	Schwarzmeier	Wiesel
4	T12C	Technik	Gerlach	Schalk
5	T12D	Technik	Breitkreutz	Maierbach
6	W12E	Wirtschaft	Kröniger	Schweiß
7	W12F	Wirtschaft	Eschenbacher	Urlaub
8	W12G	Wirtschaft	Fischer	Spießbauch
10	T13A	Technik	Scherupp	Zufall
11	T13B	Technik	Lachermeier	Blind
12	W13C	Wirtschaft	Verzi	Balou

Bild 27: Relation *klasse* (aus ERM 2)

Hinweis

Bei der Benennung der benötigten Relationen und Attribute sollten die Anforderungen des sog. *style-guide* eingehalten werden. Dazu gehören insbesondere:

- die Vergabe von sinnvollen Namen[5] für die Relationen und Attribute (z.B. keine Umlaute oder Sonderzeichen verwenden; alle Benennungen ausschließlich in Klein- oder Großbuchstaben; usw.);

- die Verwendung des Unterstriches statt einem Leerzeichen;

- die Vergabe von „_id" für alle Schlüsselattribute;

- und die Übernahme der Bezeichnung für die Schlüsselattribute in alle anderen Relationen.

Dies mag auf den ersten Blick etwas übertrieben erscheinen, aber bei der späteren Implementierung der Tabellen ergeben sich daraus einige Vorteile und Vereinfachungen.

② Einfach-Einfach-Beziehungen (1:1-Beziehungen) werden als zusätzliche Attribute in eine der betreffenden Relationen aufgelöst.

Beispiel *Schulverwaltung*

Aus dem ERM 1 (Bild 20) erkennt man 1:1-Beziehungen zwischen den Entitätsmengen *schueler* und *klasse* (Klassensprecher), sowie zwischen *klasse* und *lehrer* (Klassenleitung). Bei Anwendung der Regel ② muss jetzt jeweils geklärt werden, in welche Relation das zusätzliche Attribut aufgenommen wird. Da jede Klasse einen Klassensprecher und eine Klassleitung aufweist, bietet sich die Relation *klasse* für die Aufnahme von beiden zusätzlichen Attributen (klassleitung, klassensprecher) an. Würde man diese Attribute in die jeweils andere Relation einsetzen, so hätte diese sehr viele „leere" Attributwerte zur Folge, da z.B. nicht jeder Schüler ein Klassensprecher ist.

Damit ergäbe sich für das ERM 1 der *Schulverwaltung* die gleiche Relation *klasse*, die bereits mit ERM 2 gebildet wurde (Bild 27). Die verschiedenen ERM für die *Schulverwaltung* ergeben also – wie bereits in Kapitel 3.3 kurz erwähnt – nach der Transformation das gleiche relationale Modell.

---

[5]   Hier ist insbesondere darauf zu achten, dass die Namen der Relationen im Singular abgefasst sind auch wenn z.B. die Tabelle *klasse* viele Klassen (als Einzelwerte) enthält.

Allerdings nimmt man nicht die Beziehung (z.B.: klassenleitung) als Attribut auf. Vielmehr wird der Primärschlüssel der in Beziehung stehenden Relation als zusätzliches Attribut aufgenommen. Im Beispiel *Schulverwaltung* werden in die Relation *klasse* die Attribute l_id (Primärschlüssel der Relation *lehrer*) und s_id (Primärschlüssel der Relation *schueler*) zusätzlich angelegt (Bild 28).

klasse				
k_id	k_name	k_fachrich	*s_id*	*l_id*
2	T12A	Technik	*132*	*1*
3	T12B	Technik	*163*	*23*
4	T12C	Technik	*175*	*22*
5	T12D	Technik	*136*	*6*
6	W12E	Wirtschaft	*161*	*24*
7	W12F	Wirtschaft	*46*	*25*
8	W12G	Wirtschaft	*182*	*4*
10	T13A	Technik	*92*	*19*
11	T13B	Technik	*16*	*20*
12	W13C	Wirtschaft	*73*	*3*

Bild 28: Relation *klasse* (ERM 1 nach Anwendung Regel ②)

Das Attribut l_id bildet einen sog. Fremdschlüssel (*foreign key*) in der Relation (*klasse*). Dies gilt auch für das Attribut s_id, das in dieser Relation (*klasse*) ebenfalls einen Fremdschlüssel darstellt.

Allgemein spricht man immer dann von einem Fremdschlüssel, wenn in einer Relation ein Primärschlüssel aus einer anderen Relation als Attribut aufgenommen wird.

③ Das Auflösen von Einfach-Komplex-Beziehungen (1:n-Beziehungen) erfolgt über die Aufnahme des Primärschlüssels der „Einfach-Relation" als Fremdschlüssel in die „Komplex-Relation" (d.h. als zusätzliches Attribut in der „n-Relation").

Beispiel *Schulverwaltung*

Aus beiden ERM (Bild 20 und Bild 21) erkennt man eine 1:n-Beziehung zwischen den Entitätsmengen *schueler* und *klasse*. Das Anwenden der Regel ③ wirkt sich folgendermaßen auf die Relation *schueler* aus (Bild 29).

- Der Primärschlüssel der Relation *klasse* (k_id) wird als zusätzliches Attribut aufgenommen und damit zum Fremdschlüssel.

- Das (jetzt) redundant gewordene Attribut klasse (siehe Bild 23) entfällt.

schueler					
s_id	s_name	s_vorname	s_g	s_gebdatum	k_id
1	Aust	Holger	M	15.03.1984	4
2	Eggeling	Daniel	M	24.07.1980	2
3	Glasner	Sebastian	M	30.03.1985	8
4	Hartel	Christian	M	21.12.1979	4
5	Kramlich	Stefan	M	05.09.1985	7
6	Lux	Wolfgang	M	06.01.1984	3
7	Wainz	Andreas	M	23.01.1978	11
8	Mühlbauer	Leopold	M	18.03.1982	13
9	Birzl	Daniela	W	29.07.1983	14
10	Edler	Daniel	M	04.02.1986	14
11	Facher	Johann	M	25.12.1983	14
12	Winkler	Katja	W	03.10.1982	14
13	Csiki	Judith	W	28.04.1983	13
14	Seemüller	Andreas	M	30.11.1977	11
15	Kropf	Josef	M	09.05.1982	11

Bild 29: Relation *schueler* (nach Anwendung Regel ③)

④ Komplex-Komplex-Beziehungen (n:m-Beziehungen) können nur über sog. Verbindungs-Entitäten (*junction entity*) modelliert werden, die eine (Verbindungs-) Entitätsmenge bilden. Zu dieser Entitätsmenge sind die mit den n:m-Beziehungen verknüpften Entitätsmengen jeweils mit einer Einfach-Komplex-Beziehung (1:n-Beziehung) verknüpft.

Aus dieser (Verbindungs-)Eintitätsmenge kreiert man eine zusätzliche Verbindungsmengen-Relation, in der lediglich die Primärschlüssel der n:m-verknüpften Relationen als Attribute (besser gesagt als Fremdschlüssel) aufgenommen werden (gemäß Regel ③). Den für jede Relation vorgeschriebenen Primärschlüssel setzt man bei diesen Verbindungsrelationen aus den Fremdschlüsseln zusammen. Es entsteht ein sog. zusammengesetzter (Primär-) Schlüssel (*concatenated key*) auch Mehrfeldschlüssel genannt.

Beispiel *Schulverwaltung*

Aus beiden ERM (Bild 20 und Bild 21) erkennt man zwei n:m-Beziehungen. Zunächst modelliert man die Beziehung zwischen *klasse* und *fach* gemäß Regel ④. Diese n:m-Beziehung erscheint über die zusätzliche Relation *klasse_fach* (Bild 30):

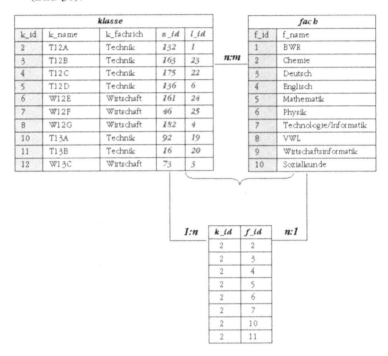

Bild 30: Schema der Regel ④

Die Primärschlüssel der Relationen *klasse* und *fach* erscheinen in dieser Relation als Fremdschlüssel und bilden in dieser Relation durch Verkettung (Konkatenation – *concatenation*) den Primärschlüssel.

Ähnlich verläuft die Umwandlung der Beziehung zwischen *fach* und *lehrer* . Die n:m-Beziehung erscheint über die Relation *fach_lehrer* (Bild 31):

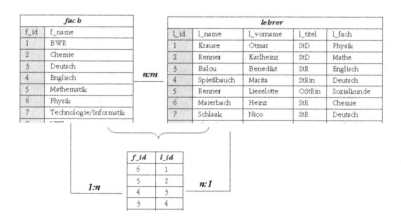

Bild 31: Zweite „Verbindungsrelation" der *Schulverwaltung*

Aufgaben zur logischen Phase

A 13 ◯ Die Mitgliederverwaltung eines Sportvereins soll in Zukunft mit Hilfe einer Datenbank organisiert werden. Bei der Konzeption dieser Datenbank sind alle möglichen Fehlerquellen und Anomalien zu vermeiden.

Folgende Informationsstruktur des Sportvereins muss beachtet werden:

- Ein Mitglied kann in verschiedenen Sportabteilungen aktiv sein; in einer Sportabteilung können aber auch mehrere Mitglieder sein.

- Jedes Mitglied hat einen Grundbeitrag für die Zugehörigkeit zum Sportverein zu zahlen. Darüber hinaus muss jedes Mitglied einen abteilungsspezifischen Beitrag bezahlen.

- In jeder Sportabteilung gibt es mehrere Mannschaften, in denen mehrere Sportler der Abteilung mitwirken können. Jedes Mitglied kann dabei in mehreren Mannschaften mitspielen.

- Die Mannschaften der Sportabteilungen werden von Trainern (=Mitglieder) betreut. Jeder Trainer kann mehrere Mannschaften trainieren; mehrere Trainer können aber auch eine Mannschaft trainieren.

Folgende Daten sollen mindestens verwaltet werden:
Mitglieder:Mitgliedsnummer, Vorname, Nachname, Geburtsdatum, Geschlecht, Straße, Ort, Telefon
Sportarten: Sportart, Abteilungsbeitrag
Mannschaften: Mannschaftsbezeichnung, Trainingstag, Trainingsbeginn, -ende und -ort
Grundbeiträge: Beitragsgruppe, Grundbeitrag

1. *Entwerfen Sie das semantische Datenmodell in Form eines Entity-Relationship-Diagramms, das auch die Kardinalitätstypen der Assoziationen enthält.*

2. *Konstruieren Sie auf der Grundlage dieses semantischen Datenmodells schrittweise ein logisches Modell (relationales Datenbankmodell). Legen Sie in jeder Relation (Tabelle) einen eindeutigen Schlüssel und alle geforderten Attribute (Spalten) an! Lösen Sie evtl. vorkommende Komplex-Komplex-Beziehungen (n:m) auf! Markieren Sie die Primär- und Fremdschlüssel in den Relationen!*

A **14** ◯ Ein Automobilhersteller will den Verkauf und die Produktion seiner Modelle mit Hilfe einer relationalen Datenbank verwalten. Eine Analyse der Betriebsabläufe ergibt die folgende grundlegende Informationsstruktur:

1. Ein Kunde (Autohaus) kann verschiedene Modelle bestellen, ein Modell kann von mehreren Kunden bestellt werden.
2. Jede Kundenbestellung (Auftrag) kann mehrere Auftragspositionen (Modelle) umfassen. Außerdem sind auftragsbezogen Auftragsdatum, Rechnungsdatum, Zahlungseingang, Bestellmenge und Liefertermin zu erfassen. Wobei Mengen und Liefertermin von Auftragsposition zu Auftragsposition unterschiedlich sein können. Die Rechnungsstellung soll auftragsbezogen erfolgen.
3. Ein Modell besteht aus verschiedenen Bauteilen unterschiedlicher Stückzahl.
4. Ein Bauteil kann bei verschiedenen Zulieferfirmen gefertigt werden, jede Zulieferfirma kann verschiedene Bauteile liefern. Bauteil-Kosten, Lieferzeit und Qualität variieren zwischen den verschiedenen Zulieferfirmen.

Dabei sollen mindestens die folgenden Attribute der Entitäten verwaltet werden:

Kunden: Name, Straße, PLZ, Ort, Tel, Fax, E-Mail

Modell: Modell-Nr, Modell-Bez, Baujahr, Modell-Preis;

Bauteile: Bauteil-Nr, Bauteil-Funktion, Bauteil-Kosten, Lieferzeit, Qualitätsklasse

Zulieferfirma: Name, Straße, PLZ, Ort, Tel, Fax, E-Mail, Internetadresse

1. *Entwerfen Sie das semantische Datenmodell in Form eines Entity-Relationship-Diagramms, das auch die Kardinalitätstypen der Assoziationen enthält.*

2. *Konstruieren Sie auf der Grundlage des ERDs schrittweise ein logisches relationales Datenbankmodell. Legen Sie in jeder Relation einen Primärschlüssel und alle geforderten Attribute an! Lösen Sie evtl. vorkommende komplexe Beziehungen auf! Erfassen Sie dabei weitere erforderliche Attribute! Legen Sie in den Zuordnungstabellen zusammengesetzte Primärschlüssel an! Markieren Sie die Primär- und Fremdschlüssel in den Relationen!*

3.5   Normalisierung

Bei der Entwicklung einer relationalen Datenbank sollen die zugrundeliegenden Tabellen (Relationen) so geplant werden, dass

- keine logischen Widersprüche (Inkonsistenzen, Anomalien) auftreten,

- keine bzw. geringe Datenredundanz entsteht,

- höchstmögliche Flexibilität und

- schnellster Zugriff ermöglicht wird.

Bei einem sauberen Entwurf über ein ER-Modell zusammen mit konsequenten Anwendung der Abbildungsregeln werden diese Zielsetzungen meistens erreicht – die erzeugten Relationen sind dann „normalisiert", d.h. sie entsprechen den sog. „Normalformen". Da dies aber nicht immer vorausgesetzt werden kann muss überprüft werden, ob die entwickelten Relationen den Normalformen genügen.

Ist dies nicht gegeben, kann über einen sog. *Dekompositionsprozess* die entsprechende Normalform erreicht werden. Am Beispiel *Projektverwaltung* zeigt diese (verlustlose) Zerlegung von Tabellen (Dekomposition) sehr anschaulich die Regeln für die Normalformen (Normalisierungsregeln).

Erste Normalform (1NF)

Eine Relation (Tabelle) ist in der ersten Normalform, wenn alle Attribute (bzw. die Werte) nur elementare (atomare) Ausprägungen haben.

Beispiel *Projektverwaltung*

Eine Firma will zukünftig eine übersichtliche Aufstellung über ihre laufenden Projekte haben. Folgende Informationen wurden in einer (vorläufigen) Tabelle aufgelistet (Bild 32).

Übersicht über die laufenden Projekte									
Proj-Nr	Proj-Name	Mit-Nr	Mit-Name	Anteil-zeit	Abt-Name	Kunde Kürzel	Kunde Name	Kunde Adresse	Proj-Start
123	P1	1	Huber	40%	Vw	27	Infinite	Köln	13.4.
		2	Meier	50%	Ent				
		3	Lang	30%	Vt				
245	P2	1	Huber	60%	Vw	44	Cityprint	Hameln	5.6.
		4	Kurz	60%	Ent				
		5	Weiß	20%	Ent				

Bild 32: Grundtabelle für die *Projektverwaltung*

In der o.a. Grundtabelle sind die Werte der Attribute Mit-Nr, Mit-Name, Anteilzeit und Abt-Name nicht elementar und können somit nicht getrennt voneinander verarbeitet werden. Die Grundtabelle kann in die 1NF überführt werden, indem alle mehrwertigen Attributwerte aufgeteilt und in eigene Zeilen (= Datensätze oder auch Tupel) abgelegt werden. Mit der Überführung in die 1NF werden auch die Regeln des *styleguide* angewendet. Zusätzlich werden Formatangaben, Dimensionsbezeichnungen, Währungen, Prozentangaben usw. bereinigt. Diese Angaben werden später bei der Beschreibung der Attribute in der jeweiligen Datenbank umgesetzt.

In der o.a. Grundtabelle werden nun alle Zellen mit den entsprechenden Werten ergänzt. Es werden eigene (sog. diskrete) Datensätze gebildet. Die Tabelle befindet sich dann in der 1NF (Bild 33).

tab_uebersicht									
proj_id	proj_name	mit_id	mit_name	anteil_zeit	abt_name	kd_id	kd_name	kd_ort	proj_start
123	P1	1	Huber	40	Vw	27	Infinite	Köln	13.4.
123	P1	2	Meier	50	Ent	27	Infinite	Köln	13.4.
123	P1	3	Lang	30	Vt	27	Infinite	Köln	13.4.
245	P2	1	Huber	60	Vw	44	Cityprint	Hameln	5.6.
245	P2	4	Kurz	60	Ent	44	Cityprint	Hameln	5.6.
245	P2	5	Weiß	20	Ent	44	Cityprint	Hameln	5.6.

Bild 33: Grundtabelle für die *Projektverwaltung* in 1NF

Probleme bei der 1NF

Nach dem Überführen der Tabelle in die 1NF können immer noch die bereits erwähnten Redundanzen und Anomalien (z.B. Änderungs- und Löschanomalie) auftreten.

Zusätzlich bereitet das Einrichten des Primärschlüssels für die Tabelle Schwierigkeiten. Um der Forderung nach Eindeutigkeit zu entsprechen, kann nur ein zusammengesetzter Schlüssel definiert werden – z.B. die Attribute proj_id und mit_id (in Bild 33 grau unterlegt). Hierbei tritt aber der Zustand auf, dass andere Attribute (z.B. kd_name) bereits von einem Teil des Primärschlüssels eindeutig identifizierbar sind, d.h. diese Attribute sind nicht mehr voll funktional vom Primärschlüssel abhängig. Daher muss eine weitere Dekomposition der Tabelle erfolgen – die Überführung in die 2NF.

Zweite Normalform (2NF)

> Eine Relation ist in der zweiten Normalform, wenn sie in der 1NF ist und jedes Nichtschlüsselattribut von jedem Schlüsselkandidaten voll funktional abhängig ist.

Volle funktionale Abhängigkeit bedeutet, dass jedes Nichtschlüssel-Attribut nur durch Angabe aller Attributwerte des Primärschlüssels identifiziert werden kann. Es darf also nicht schon ein Teil des Primärschlüssels zur eindeutigen Identifizierung ausreichen.

Hinweis

Die zweite Normalform ist nur relevant, wenn der Primärschlüssel aus mehreren Attributen besteht, also ein zusammengesetzter Schlüssel ist.

Beispiel *Projektverwaltung*

Wie bereits erwähnt sind in der Tabelle *tab_uebersicht* (Bild
33) einige Nichtschlüssel-Attribute (z.B. mit_name) nur von
einem Teil des Primärschlüssels (mit_id) abhängig. Mit dem
Überführen in die 2NF werden diese Attribute (die nur von
Teilen des Primärschlüssels abhängen) in neue Tabellen ausgelagert. Damit entstehen zwei neue Tabellen (*tab_projekt*
und *tab_mitarbeiter* – Bild 34 und Bild 35):

tab_projekt					
proj_	proj_	kd_i	kd_	kd_ort	proj_
123	P1	27	Infinite	Köln	13.04.
245	P2	44	Cityprint	Hamel	05.06.

Bild 34: Tabelle *tab_projekt* für die *Projektverwaltung* in 2NF

tab_mitarbeiter		
mit_id	mit_ name	mit_ abt
1	Huber	Vw
2	Meier	Ent
3	Lang	Vt
4	Kurz	Ent
5	Weiß	Ent

Bild 35: Tabelle *tab_mitarbeiter* für die *Projektverwaltung* in 2NF

Die „restlichen" Attribute bilden dann eine Zuordnungstabelle
(ähnlich der Regel ④ bei der Umwandlung des semantischen
in das logische Modell) – im Beispiel *Projektverwaltung* die
Tabelle *tab_projektbeteilig* (Bild 36).

Auch diese Tabelle befindet sich in 2NF, weil das Attribut
proj_anteil nur vom gesamten Primärschlüssel (= zusammengesetzt aus proj_id und mit_id) abhängig ist.

tab_projektbeteilig		
proj_id	mit_id	proj_anteil
123	1	40
123	2	50
123	3	30
245	1	60
245	4	60
245	5	20

Bild 36: Tabelle *tab_projektbeteilig* für die *Projektverwaltung* in 2NF

Probleme bei der 2NF

Auch das Überführen der Tabellen in die 2NF kann nicht vollständig die bereits erwähnten Redundanzen und Anomalien (z.B. Änderungs- und Löschanomalie) ausschließen. So sind in der Tabelle *tab_projekt* (Bild 34) die Attribute kd_name und kd_ort nicht unabhängig vom Attribut kd_id. Die Tabelle muss also weiter zerlegt werden, um somit die 3NF zu erreichen.

Dritte Normalform (3NF)

> Eine Relation ist in der dritten Normalform, wenn sie in der 2NF ist und alle Nichtschlüsselattribute voneinander unabhängig sind.

Das bedeutet auch, dass jedes Nichtschlüsselattribut direkt (nicht transitiv) abhängig vom Primärschlüssel ist.

Beispiel *Projektverwaltung*

Aus der Tabelle *tab_projekt* (Bild 34) werden die Attribute kd_name und kd_ort in eine neue Tabelle *tab_kunde* ausgelagert (Bild 37 und Bild 38):

tab_projekt			
proj_id	proj_name	kd_id	proj_start
123	P1	27	13.04.
245	P2	44	05.06.

Bild 37: Tabelle *tab_projekt* für die *Projektverwaltung* in 3NF

tab_kunde		
kd_id	kd_ name	kd_ort
27	Infinite	Köln
44	Cityprint	Hameln

Bild 38: Tabelle *tab_kunde* für die *Projektverwaltung* in 3NF

Alle vier Tabellen der *Projektverwaltung* (Bild 35 - Bild 38) erfüllen jetzt die 3NF.

Hinweis

Die weiterführenden Normalformen, wie z.B.

* BOYCE-CODD-Normalform (BCNF)

* Vierte Normalform (4NF)

* Fünfte Normalform (5NF) – auch: Projection Join Normal Form (PJNF)

bleiben bei der hier behandelten einfachen Datenbankentwicklung unberücksichtigt.

Aufgaben zur Normalisierung

A 15 ☐ Als zuständiger Datenbankdesigner erhalten Sie folgende – mit "leichter Hand" – zusammengestellten Informationen über das Datenmaterial der Firma "QuickSell" in der Tabelle "Übersicht" (Bild 39):

Auf-Nr	Ku-Nr	Kuname	Kuansch	Aufdat	Auf-bearb	Art-Nr	Artbez	Art-Anz	Artpr
100	10	Meyer	Hamburg	07.09.2006	Fritsch	45	Disketten	200	12,80
						92	Farbb Eps	3	16.50
						152	Modem x1	1	245.00
101	12	Huber	Lübeck	12.09.2006	Fritsch	45	Disketten	100	12,80
102	27	Schwarz	Bremen	17.09.2006	Seeber	99	Mousepad	100	100.00
						152	Modem x1	2	245.00
103	8	Kurz	München	19.09.2006	Fritsch	46	CD RX2	50	30.00
						85	Monitor Z7	5	2000.00
104	36	Lang	Augsburg	20.09.2006	Stöber	45	Disketten	50	12,80
						77	Maus M22	10	35.00
						85	Monitor Z7	5	2000.00

Bild 39: A 15 - Tabelle *Übersicht*

Erläuterungen:

• Auf-Nr	= Auftragsnummer	• Auf-bearb	= Bearbeiter
• Ku-Nr	= Kundennummer	• Art-Nr	= Artikelnummer
• Kuname	= Kundenname	• Artbez	= Artikelbezeichnung
• Kuansch	= Kundenanschrift	• Art-Anz	= Anzahl Artikel
• Aufdat	= Auftragsdatum	• Artpr	= Artikelpreis

81. *Überführen Sie diese Tabelle "Übersicht" zunächst in die 1NF. Beachten Sie den style-guide bei der Vergabe der Namen für die Attribute.*

2. *Bestimmen Sie den Primärschlüssel für die neu zusammengestellte Tabelle.*

83. *Überprüfen Sie, ob und wie die anderen Attribute von dem gefundenen Schlüssel abhängen.*

84. *Überführen Sie die Tabelle dann in die 3NF.*

A 16 ⃝ Gegeben ist die Datenbank CYBERSPACE, in der u.a. die Auslastung des Web-Servers verwaltet wird. Dazu dient folgende Tabellenstruktur (Bild 40):

user	*benutzung*	*webpage*
user_id	*user_id*	*webpage_id*
user_nachname	*webpage_id*	webpage_beschr
user_vorname	ben_beginn	webpage_rubrik
user_gebdatum	ben_url	
user_geschlecht		
user_anrede		

Bild 40: A 16 – Datenbank CYBERSPACE

Erläuterungen:

• webpage_id	Identifikationsnummer der aufgerufenen HTML-Seite
• ben_url	Internet-Adresse der aufgerufenen HTML-Seite
• webpage_beschr	Kurzbeschreibung des Inhalts der aufgerufenen HTML-Seite
• webpage_rubrik	Zuordnung des Inhalts zu einem bestimmten Thema
• ben_beginn	Zeitpunkt des Aufrufs der HTML-Seite

Die *kursiv* gedruckten Attribute sind Primärschlüssel der Relation.

Begründen Sie kurz, in welcher Normalform sich die ab-
gebildeten Tabellen befinden und durch welche Ände-
rungen sie ggf. in die 3NF gebracht werden können!

A 17 ○ Bild 41 zeigt einen Screenshot der MySQL-Datenbank
„Bücher und Zitate":

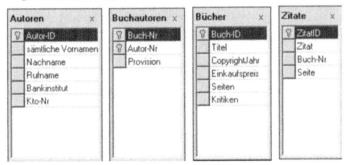

Bild 41: A 17 Datenbank BÜCHER UND ZITATE

Erläuterungen:

- Das Feld Rufname beinhaltet nur den Vornamen, der bei einer Anrede im Brief notwendig ist.
- Im Feld Provision wird abgespeichert, welchen Prozentsatz
  ein Autor von den Erlösen eines Buches als Provision erhält.
- Kritiken ist ein Memofeld, in dem in einem zusammenhän-
  genden Text Kritiken des Buches, das gerade im Datensatz
  angezeigt wird, aus verschiedenen Zeitungen aufgenommen
  werden können.
- Das Schlüsselsymbol kennzeichnet den Primärschlüssel der
  jeweiligen Relation.

81. *Überprüfen Sie das Datenbankdesign auf Verstöße*
    gegen den style-guide*!*

82. *Begründen Sie kurz, in welcher Normalform sich die*
    Relationen befinden und durch welche Änderungen
    sie ggf. in die dritte Normalform (3NF) gebracht wer-
    den können!

A 18 ○ *Überprüfen Sie die entwickelten Relationen des Beispiels*
Schulverwaltung *auf Erfüllung der dritten Normalform*
(3NF).

3.6 Physische Phase

In dieser Phase wird das bisher ausgearbeitete logische Modell implementiert. Prinzipiell kann dafür jede Datenbanksoftware verwendet werden, die das zugrundeliegende Datenbankmodell unterstützt. Da im Beispiel *Schulverwaltung* ein relationales Modell entwickelt wurde, muss demnach auch eine entsprechende Datenbanksoftware verwendet werden. Von dem derzeit auf dem Markt befindlichen Produkten eignen sich – v.a. im Hinblick auf die Zielsetzung dieses Buches – folgende Programme (Bild 42 und Bild 43):

Bild 42: MySQL   Bild 43: Microsoft® Access

Die Implementierung mit Hilfe dieser Programme wird in den nächsten Kapiteln näher vorgestellt.

Eine saubere Datenbankentwicklung umfasst auch eine adäquate Umsetzung. Daher muss man sich beim „praktischen" Erstellen der Datenbank (mit Hilfe einer Software) über die Funktionsweise eines Datenbankmanagementsystems (DBMS) im Klaren sein.

In Anlehnung an den grundsätzlichen Aufbau von Datenbanksystemen (siehe Bild 4), kann die allgemeine Funktionsweise eines DBMS entsprechend schematisch dargestellt werden (Bild 44):

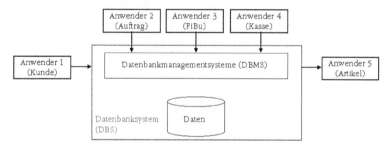

Bild 44: Grundsätzliche Funktionsweise eines DBMS

Die Anwender greifen mit Hilfe des DBMS auf die zentral gehaltenen Daten zu. Dabei nimmt das DBMS Anfragen der Anwender entgegen und liefert Informationen – dargestellt mit Hilfe von Daten – zurück. Die dafür nötigen Verarbeitungsschritte sind elementare Operationen eines DBMS, sog. *Transaktionen*. Die Transaktionen eines DBMS müssen nach dem ACID-Prinzip ablaufen, d.h. eine Transaktion zeichnet folgende Eigenschaften aus:

- *Atomicity* (Atomarität – Unteilbarkeit)

  Die Transaktion ist die kleinste Einheit, der kleinste unteilbare Schritt eines Arbeitsablaufs in einem DBMS

- *Consistency* (Konsistenz)

  Jede Transaktion hinterlässt die Datenbank in einem widerspruchsfreien (konsistenten) Zustand, ansonsten wird diese Transaktion zurückgesetzt.

- *Isolation*

  Jede Transaktion läuft für sich selbst und unbeeinflusst ab. Nebenläufige (parallel und gleichzeitig ablaufende) Transaktionen dürfen sich nicht beeinflussen. Ein Datum kann zu einem bestimmten Zeitpunkt nur von jeweils einer Transaktion bearbeitet werden.

- *Durability* (Dauerhaftigkeit)

  Das Ergebnis einer erfolgreichen Transaktion bleibt immer erhalten, auch bei einem Systemausfall (Hardware und/oder Software). Das DBMS gewährleistet dies mit geeigneten Mitteln. Das Ergebnis einer Transaktion kann nur mit einer sog. kompensierenden Transaktion rückgängig gemacht werden.

Übertragen auf die bereits erwähnte ANSI-SPARC-Architektur (siehe Bild 5) zeigt sich die grundsätzliche DBMS-Funktionsweise (Bild 45).

Die Anfrage bzw. die Antwort des DBMS läuft über die drei Schichten, die jeweils spezielle Sichtweisen (*views*) auf die Daten erlauben.

Im Beispiel *Schulverwaltung* erscheinen die Relationen (Tabellen) *schueler* und *klasse* in der externen Sichtweise als mit Werten gefüllte Tabellen (Bild 46). Je nach Sortierung der Einzelwerte kann man zwischen einem flachen (unsortierten) und einem hierarchischen Aufbau unterscheiden.

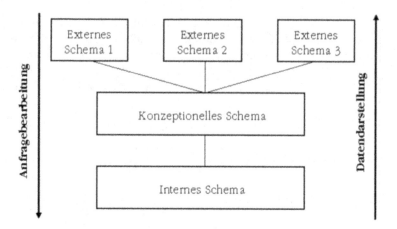

Bild 45: DBMS-Funktionsweise (in Anlehnung an ANSI-SPARC)

schueler					
s_id	s_name	s_vorname	s_g	s_gebdatum	k_id
1	Aust	Holger	M	15.03.1984	4
2	Eggeling	Daniel	M	24.07.1980	2
3	Glasner	Sebastian	M	30.03.1985	8
4	Hartel	Christian	M	21.12.1979	4
5	Kramlich	Stefan	M	05.09.1985	7
6	Lux	Wolfgang	M	06.01.1984	3
7	Wainz	Andreas	M	23.01.1978	11
8	Mühlbauer	Leopold	M	18.03.1982	13
9	Birzl	Daniela	W	29.07.1983	14
10	Edler	Daniel	M	04.02.1986	14
11	Facher	Johann	M	25.12.1983	14
12	Winkler	Katja	W	03.10.1982	14
13	Csiki	Judith	W	28.04.1983	13
14	Seemüller	Andreas	M	30.11.1977	11
15	Kropf	Josef	M	09.05.1982	11

klasse		
k_id	k_name	k_fachrich
2	T12A	Technik
3	T12B	Technik
4	T12C	Technik
5	T12D	Technik
6	W12E	Wirtschaft
7	W12F	Wirtschaft
8	W12G	Wirtschaft
10	T13A	Technik
11	T13B	Technik
12	W13C	Wirtschaft

Bild 46: Externe Sicht auf die Tabellen *schueler* und *klasse*

Die konzeptionelle Sicht dieser Tabellen zeigt ihre Definitionen mit den gewählten Datentypen für die Attribute. Bild 47 zeigt ein mögliches Beispiel (realisiert mit MySQL).

Die interne Sicht erlaubt einen Blick auf die eigentliche physische Struktur der Tabellen, besser der Datenbank (z.B. Dateiorganisationsformen, Speicherungsstrukturen, Zugriffspfade usw.). Man erkennt darin die Art und Weise, wie die Daten („Nutzdaten" und Metadaten) auf den externen Speichern abgelegt werden. Die (für dieses Beispiel angenommene) interne Struktur der Tabelle *schueler* (Bild 48) zeigt die Bedeutung der Schlüsselattribute und die „tatsächliche Reihenfolge" der Datensätze (*Tupel*) in den externen Speicher.

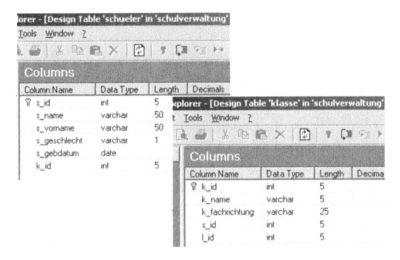

Bild 47: Konzeptionelle Sicht auf die Tabellen *schueler* und *klasse*

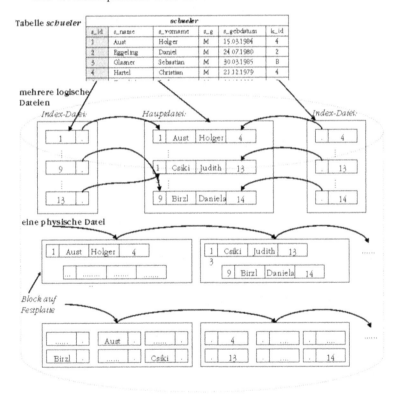

Bild 48: (Vereinfachte) Interne Sicht auf die Tabelle *schueler*

Für die Datenbankentwicklung – und damit für die Zielsetzung dieses Buches – ist diese interne Sicht nur von untergeordneter Bedeutung.

Praktisch gesehen „läuft" ein DBMS auf einem entsprechenden Betriebssystem (z.B. Microsoft® Windows, Linux usw.) und die Benutzer (bzw. Anwendungen) greifen darüber auf die jeweilig benötigten Daten zu. Bei den Überlegungen für die Implementierung einer entwickelten Datenbank in ein DBMS sind hierbei zwei unterschiedliche DBMS-Architekturen zu berücksichtigen:

Desktop-Architektur

Das DBMS ist hierbei eine Software, die auf lokalem Rechner installiert ist. Benutzer können nur über diesen (speziellen) lokalen Rechner (bzw. über dieses lokale „Desktop-DBMS") auf die Daten zugreifen. Diese Softwarelösungen finden ihre Anwendung im privaten Bereich und in kleinen Unternehmen und werden daher gerne als SOHO[6]-Lösungen bezeichnet. Trotz dieser Bezeichnung stellen diese DBMS-Programme in der Regel sehr hohe Anforderungen an Client-Hardware. Dafür verfügen diese Programme meistens über grafische Bedienoberflächen, so dass sich der fachliche Anspruch an die jeweiligen Datenbankadministratoren in Grenzen hält. Das bekannteste Beispiel für diese Art Software ist Microsoft® Access.

Client-Server-Architektur

Das DBMS „läuft" hier auf einem zentralen Rechner, der damit anderen Rechnern einen Datenbank-Dienst (*database service*) anbieten kann. Man bezeichnet den zentralen Rechner – auf dem der Dienst (*service*) angeboten wird – als *Server*, während die anfragenden (lokalen) Rechner die sog. *Clients* darstellen (Bild 49). Die genauere Bezeichnung wäre eigentlich Server-Rechner und Client-Rechner, da die Software ausschließlich nach dem Client-Server-Prinzip arbeitet, die Hardware dagegen nicht immer. Die Client-Server-Architektur ist in der Internettechnologie – Netzwerke mit dem TCP/IP-Protokollstack – vorherrschend. So arbeiten z.B. das E-Mailsystem und der Web-Dienst nach diesem Prinzip.

---

[6]   small office and home office

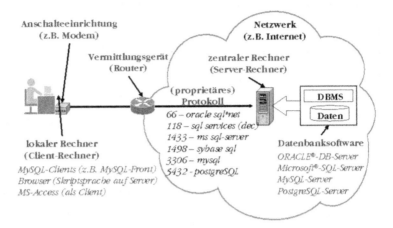

Bild 49: Client-Server-Architektur eines DBMS im Internet

Diese DMBS-Softwarelösungen stellen sehr hohe Anforderungen an die Server-Hardware und nur geringe an die Client-Hardware. Sie sind sehr weit verbreitet, weil sie einen von Ort und Betriebssystemplattform unabhänigen Zugriff auf die Daten ermöglichen. Da die Konfiguration und Verwaltung der Datenbank oft ohne grafische Oberflächen vorgenommen wird, sind die fachlichen Ansprüche an den jeweiligen Datenbankadministrator z.T. sehr hoch.

Die bekanntesten Beispiele für die Datenbank-Serversoftware sind Oracle® bzw. Microsoft® SQL-Server und die kostenfreien (und daher sehr beliebten) MySQL-Server bzw. PostgreSQL-Server. Die entsprechende Client-Software ist bei den kostenpflichten Lösungen proprietär – wie auch das Protokoll (siehe Bild 49).

Überwiegend realisiert man den Client-Zugriff allerdings über einen Browser mit einer – in der Regel auf dem Server implementierten – Skriptsprache im Hintergrund. Hier muss der Datenbankadministrator zusätzlich noch neben ausreichenden Kenntnissen in der Beschreibungssprache HTML auch über umfangreiches Wissen in der eingesetzten Skriptsprache (z.B. PHP) verfügen.

Typische Anwendungen sind die über den Browser abrufbare sog. Web-Datenbanken – z.B. bei einem Online-Versandhaus. Die große Verbreitung und der Einsatz im Internet darf nicht darüber hinwegtäuschen, dass damit nur der *Zugriff* auf die jeweilige Datenbank realisiert wird. Die eigentliche Entwicklung und Implementierung von Datenbanken wird dabei oft in den Hintergrund gedrängt, weil das Hauptaugenmerk mancher „Datenbankentwickler" auf dem „Funktionieren des Zugriffs" liegt.

4   Datenbanksystem Microsoft® Access

4.1   Grundlagen

Microsoft® Access ist eines der erfolgreichsten Datenbanksystem-programme für Rechner mit dem Betriebssystem Microsoft® Windows. Dieser Erfolg beruht einerseits auf der sehr starken Verbreitung, da die Software ein Teil des – ebenfalls sehr beliebten und verbreiteten – Office-Softwarepakets ist. Andererseits ist das Programm sehr leicht zu bedienen und wird daher nicht nur von privaten, sondern auch von kommerziellen Datenbankentwicklern eingesetzt. Das Programm eignet sich für kleinere bis mittelgroße Datenbank-Anwendungen und kann auch als einfacher Client in einer Client-Server-DB-Architektur (als sog. *frontend*) konfiguriert werden (siehe Kapitel 5.4)

Das Programm ist mit einer Vielzahl von grafischen Entwicklungsmöglichkeiten ausgestattet, so dass im sog. WYSIWYG-Verfahren (*What You See Is What You Get*) sehr leicht komplexere Datenbankanwendungen (Tabellen, Abfragen Daten- bzw. Bildschirmmasken (sog. Formulare) und Datenausdrucke (sog. Berichte)) konzipiert werden können. Mit sog. *Makros* (= frei konfigurierbarer Ablauf bestimmter Befehle) können auch ohne spezielle Programmierkenntnisse Datenbankanwendungen automatisiert werden. Die integrierte Skriptsprache Visual Basic for Application (VBA) ermöglicht weitergehende (komplexere) Anwendungen.

Microsoft® Access existiert in verschiedenen Versionen (derzeit Microsoft® Access 2007) und ist – im Gegensatz zu den anderen Microsoft®-Office-Bestandteilen – auch einzeln für das Betriebssystem Windows erhältlich. Seit der Version 2000 kann der prinzipielle Aufbau der Software so dargestellt werden (Bild 50):

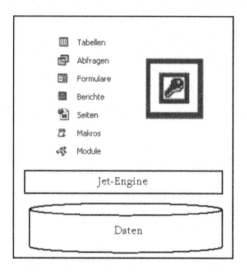

Bild 50: Aufbau des DBMS Microsoft® Access

Den eigentlichen „Datenbankkern" von Microsoft® Access bildet die Microsoft® Jet-Engine – eine „Datenbankmaschine", die auch von anderen Microsoft® Produkten genutzt werden kann[7]. Alle Access-Datenbankoperationen werden über die Jet-Engine abgewickelt. Der Zugriff auf die Jet-Engine erfolgt bei älteren Access-Versionen (bis Version 97) über die Programmierschnittstelle *Data Access Objects* (DAO) und in den neueren Versionen mit der unabhängigeren Schnittstelle *ActiveX Data Objects* (ADO).

Microsoft® Access speichert alle Daten einer Datenbank in einer einzelnen Datei im Format *.mdb* (*microsoft database file*) ab. In dieser *.mdb*-Datei befinden sich auch alle Elemente der Benutzeroberfläche (also Abfragen, Formulare, Berichte usw.). Daher ist es empfehlenswert, die Tabellendefinitionen mit dem Datenbestand und die Bedienelemente in verschiedenen Dateien zu halten. Die Tabellen werden dabei in der sog. *backend-Datenbank* gespeichert und können mit Hilfe von Verknüpfungen in der *frontend-Datenbank* angesprochen werden.

Microsoft® Access greift mit Hilfe dieser Verknüpfungen auch auf andere Formate, z.B. dBASE, Paradox, Microsoft FoxPro, Micro-

---

[7]   Seit Microsoft® Access 2000 wird die Jet-Engine Version 4 verwendet

soft Excel und weitere Access-fremde Formate zu. Über ODBC[8] kann Microsoft® Access auch mit anderen SQL-Datenbanken (z.B. MySQL) verbunden werden. ODBC ist eine (standardisierte) Schnittstelle, die einen Zugriff auf RDBMS über SQL ermöglicht. Kapitel 5.4 gibt einen kurzen Einblick in diese Möglichkeit.

Aufgrund des speziellen Aufbaus eignet sich Microsoft® Access nur bedingt für einen echten Mehrbenutzerzugriff. Da Schreibzugriffe auf die Datenbank immer am Dateiende erfolgen, wird die *.mdb*-Datei bei mehrmaligen Bearbeiten sehr groß. Man sollte daher die von Microsoft® Access vorgeschlagene „Komprimierung" der *.mdb*-Datei (prinzipiell eine Defragmentierung) nach Bedarf durchführen.

Ein Betrieb einer Microsoft® Access-Datenbankanwendung in einem Netzwerk setzt eine stabile Netzwerkumgebung voraus. Sobald die Verbindung zur Datenbank abreißt, ist i.d.R. ein Programmneustart erforderlich – auch bei nur sehr kurzen Unterbrechungen. Von einem Einsatz in Funknetzen muss daher abgeraten werden.

Kontroll- und Vertiefungsfragen

A 19 ☐ *Ordnen Sie die verschiedenen Ansichtsmöglickeiten (views), die Microsoft® Access bietet, in die drei Schichten des ANSI-SPARC-Modells ein.*

A 20 ☐ *Recherchieren Sie Leistungswerte („Benchmarks") der aktuellen Microsoft® Access Version und vergleichen Sie diese mit den Werten anderer Produkte.*

4.2 Tabellen

Gemäß dem ANSI-SPARC-Modell (vgl. Bild 5) werden Tabellen mit Hilfe der sog. DDL (Data Definition Language) in einem DBMS kreiert. Die DDL ist normalerweise – wie bereit erwähnt – ein Teil der Programmiersprache SQL.

---

8   Open DataBase Connectivity

Bei Microsoft® Access erfolgt das Erstellen und Auffüllen der Tabellen mit Hilfe einer grafischen Oberfläche. Im Gegensatz zu MySQL müssen dafür keinerlei SQL-Befehle eingegeben werden.

Mit dem Beispiel *Schulverwaltung* soll gezeigt werden, wie mit Hilfe von Microsoft® Access die entwickelten Relationen (Tabellen) physisch erstellt werden. Ausgangslage sind die aus dem ERM entwickelten Relationen (vgl. Kapitel 3.4 und Bild 51):

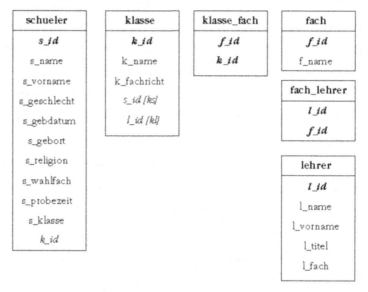

Bild 51: Entwickelte Relationen aus dem Beispiel *Schulverwaltung*

Nach Start des Programms Microsoft® Access wird zunächst eine neue Datenbank angelegt, wobei der Name für diese Datenbank sofort festgelegt werden muss (Bild 52).

Danach erscheint das sog. Datenbankfenster, über das man die gewünschten Datenbankobjekte (Tabellen, Abfragen, Formulare usw.) auswählen kann (Mauszeiger in Bild 53).

Bild 52: Neue Datenbank mit Microsoft® Access

Bild 53: Microsoft® Access Datenbankfenster

Im Dialogfenster Tabellen werden die neuen Tabellen innerhalb der Datenbank angelegt. Für dieses Anlegen stellt Microsoft® Access verschiedene Möglichkeiten zur Verfügung (rechter (weißer) Bereich in Bild 53). Es ist empfehlenswert, eine neue Tabelle immer in der sog. Entwurfsansicht festzulegen. Dadurch kann die

Tabelle sehr gut auf die eigentlichen Bedürfnisse angepasst werden. Bei der Auswahl dieser Option erscheint folgendes Dialogfenster:

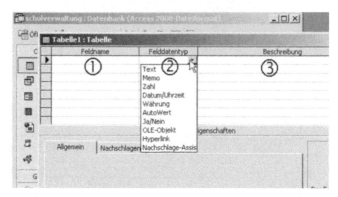

Bild 54: Dialogfenster beim Einrichten neuer Tabellen

Für jedes „Feld" (= Attribut) der neuen Tabelle muss ein Feldname (① in Bild 54) und der „Felddatentyp" (Bezeichnung von Microsoft®) des Feldes (② in Bild 54) festgelegt werden. Die dritte Spalte (③ in Bild 54) ist für eine nähere Beschreibung des Feldes vorgesehen. Die Zuweisung des tatsächlichen Datentyps erfolgt über die Option „Feldgröße" (④ in Bild 55).

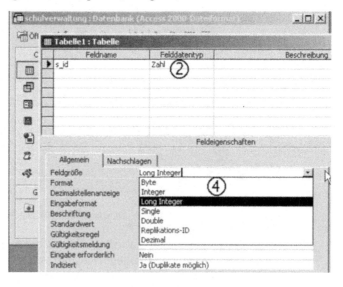

Bild 55: Zuweisung des tatsächlichen Datentyps

Über die Access-Hilfe können weitere Informationen über die verschiedenen Datentypen abgerufen werden.

Das Anlegen bzw. Definieren des Primärschlüssels für jede Tabelle erfolgt in Microsoft® Access nach dem Markieren des entsprechenden Tabellenfeldes (=Attribut) über die Menüfolge BEARBEITEN I PRIMÄRSCHLÜSSEL (Bild 56). Der sog. „Felddatentyp" muss dabei den Anforderungen (eindeutige und minimale Werte) entsprechen z.B. über den „Felddatentyp" *AutoWert*, oder über den Typ Zahl und der näheren Spezifikation Long Integer sowie einer Indizierung (① in Bild 56).

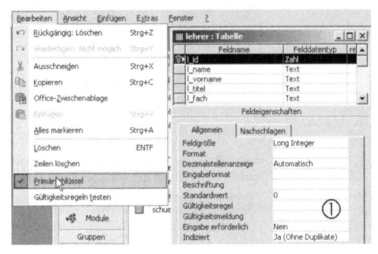

Bild 56: Festlegung des Primärschlüssels für eine Access-Tabelle

Das Eintragen von Daten wird in den Tabellen über die sog. „Datenblatt"-Ansicht vorgenommen. Diese erreicht man bei geöffneter Tabelle über das Wechseln der Ansicht (① in Bild 57) bzw. über den Befehl „Öffnen" (oder Doppel-Klick) auf die entsprechende Tabelle im Datenbankfenster (② in Bild 57).

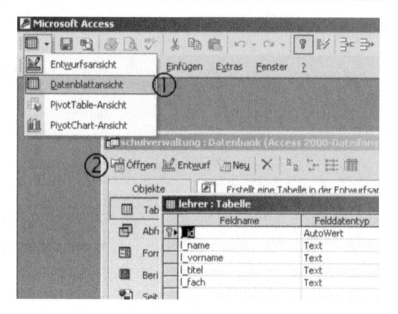

Bild 57: Wechseln der Tabellenansicht in Microsoft® Access

Innerhalb dieser Ansicht (Bild 58) kann zwischen den einzelnen Spalten bzw. Zeilen mit der TAB-Taste gewechselt werden.

l_id	l_name	l_vorname	l_titel	l_fach
1	Krause	Otmar	StD	Physik
2	Renner	Karlheinz	StD	Mathe

Bild 58: Eintragen von Daten in eine Microsoft® Access-Tabelle

Das „Befüllen" der Tabellen muss sorgfältig vorgenommen werden. Der Inhalt der Verbindungstabellen ist dabei besonders genau zu prüfen, da in diesen die „tatsächliche" Beziehungsstruktur der Datenbank hinterlegt ist. Im Beispiel *Schulverwaltung* wurde die Tabelle *klasse_fach* aufgrund der n:m-Beziehung zwischen *fach* und *klasse* als Verbindungstabelle kreiert.

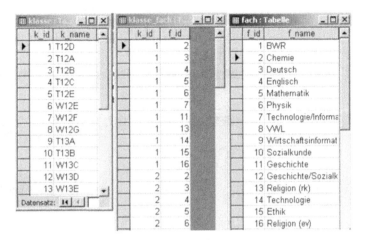

Bild 59: Mögliche Tabelleninhalte der *Schulverwaltung*

Bild 59 veranschaulicht einen möglichen Inhalt dieser Tabelle. Da die Technikklassen (mit der k_id 1 -5, d.h. 5 - T12E) den gleichen Fächerspiegel haben, erscheint in der Verbindungstabelle für jede Klasse das entsprechende Fach.

Für die Sicherung der Datenintegrität bieten RDBMS die Möglichkeit der sog. referentiellen Integrität an. Mit dieser Option organisieren und überwachen RDBMS in Beziehung stehende Tabellen automatisch. So können keine Datensatzänderungen vorgenommen werden, die eine Änderung der Datensätze in den (in Beziehung stehenden) Tabellen zur Folge hätten.

Für die Aktivierung dieser Option wird zunächst zwischen den betreffenden Tabellen eine „Beziehung" eingerichtet. In Microsoft® Access benötigt man dazu das sog. Beziehungsfenster, das über das Datenbankfenster aufgerufen werden kann (Bild 60).

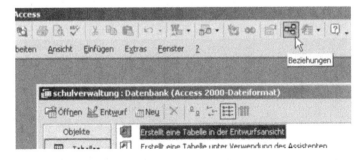

Bild 60: Aufruf des Beziehungsfensters in Microsoft® Access

In diesem Beziehungsfenster werden zunächst die benötigten Tabellen ausgewählt (① in Bild 61) und dann hinzugefügt (② in Bild 61):

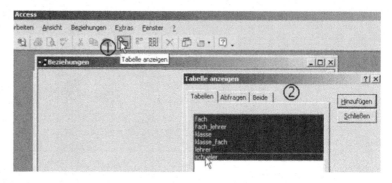

Bild 61: Hinzufügen der benötigten Tabellen (2 Bearbeitungsschritte)

Danach erscheinen die selektierten Tabellen im Beziehungsfenster. Mit gedrückter linker Taste wird nun eine Beziehung zwischen den entsprechenden Feldern der Tabellen eingerichtet (① in Bild 62). Im folgenden Dialogfeld (② in Bild 62) kann diese Beziehung detaillierter konfiguriert werden.

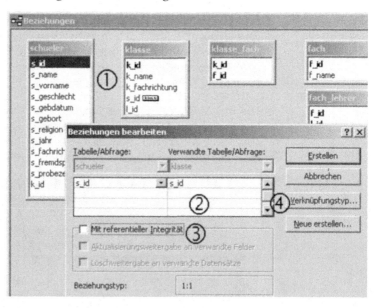

Bild 62: Einrichtung und Konfiguration einer Tabellenverbindung

Bei der Einrichtung ist darauf zu achten, dass der Felddatentyp der verbundenen Felder identisch ist. Dies sollte bei einem sorgfältig vorgenommenen Anlegen der Tabellenstruktur gegeben sein.

Für die – jetzt mögliche – Aktivierung der referentiellen Integrität (③ in Bild 62) müssen die verbundenen Felder (Spalten bzw. Attribute) der Tabellen zusätzlich folgende Bedingungen erfüllen:

- das Feld der linken Tabelle (sog. *Mastertabelle*) ist der Primärschlüssel oder ein Schlüsselkandidat (d.h. es ist bei den Feldeigenschaften (siehe Bild 56) ein eindeutiger Index – *Ja (ohne Duplikate)* – definiert).

- das Feld der rechten Tabelle (sog. *Detailtabelle* bzw. *verwandte Tabelle*) muss dem Datentyp des Primärschlüssels (der Mastertabelle) entsprechen (Ausnahme: AutoWert = Long Integer)

Die zusätzlichen Optionen *Aktivierungsweitergabe an verwandte Felder* und *Löschweitergabe an verwandte Felder* ermöglichen die automatische Weitergabe von Änderungen (oder Löschvorgänge) an die entsprechende Tabelle. Da hierbei keinerlei Rückfrage an den Bediener erfolgt, empfiehlt es sich, diese Optionen mit Bedacht einzusetzen.

Nach einer vollständigen Konfiguration der referentiellen Integrität ergibt sich im Beziehungsfenster folgendes Bild:

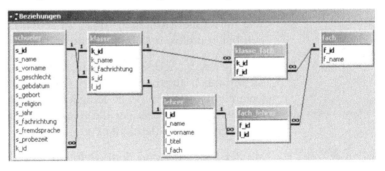

Bild 63: Beziehungsfenster nach vollständiger Konfiguration

Vergleicht man dies mit dem ER-Diagramm der *Schulverwaltung* (siehe Bild 20), so könnte man die Verbindungslinien aus dem Beziehungsfenster (Bild 63) durchaus mit den (tatsächlichen) Beziehungen des ERD gleichsetzen. Zusätzlich zeigt Microsoft[®] Access mit den Ziffern 1 und ∞ eine Kardinalität der Beziehungen an. Diese Fehleinschätzung der scheinbaren Gleichheit wird erst mit der genauen Festlegung der Verbindung (Konfiguration „Verknüpfungstyp" - ④ in Bild 62) offensichtlich.

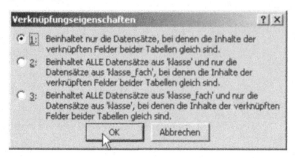

Bild 64: Dialogfenster für die Konfiguration des „Verbindungstyps"

Das Dialogfenster „Verknüpfungseigenschaften" (Bild 64) zeigt drei Auswahloptionen, die letztendlich die Klausel JOIN inner-halb eines SQL-Befehls repräsentieren. Dabei wählt man mit der Option:

① eine Gleichheitsverknüpfung, den sog. EQUI bzw. INNER JOIN) ,

② eine Inklusionsverknüpfung, den sog. OUTER LEFT JOIN,

③ eine Inklusionsverknüpfung, den sog. OUTER RIGHT JOIN.

Wie im Kapitel (Abfragen) noch zu sehen ist, sind diese Optio-nen bei komplexen Abfragen sehr wichtig.

Das Microsoft® Access-„Beziehungsfenster" zeigt also nicht – wie oft irrtümlich angenommen wird – das ERD der entsprechenden Datenbank, sondern stellt lediglich eine grafische Konfigurati-onsoberfläche dar, mit der die referentielle Integrität eingerichtet bzw. verwaltet werden kann.

Mit der Erstellung und dem „Befüllen" der Tabellen ist die letzte Phase der Datenbankentwicklung prinzipiell abgeschlossen. Die folgenden Kapitel über Abfragen sowie Formulare und Berichte ergänzen die Thematik, indem sie einen kleinen Einblick in die Datenbankentwicklungs- und -anwendungsmöglichkeiten von Microsoft® Access geben.

Aufgaben

A 21 ○ *Woran erkennt man die Umsetzung des ACID-Prinzips bei der Tabellenerstellung und dem Eintragen von Daten in Microsoft® Access.*

A 22 ○ *Setzen Sie die im Beispiel Schulverwaltung entwickelten Relationen als Access-Tabellen um und geben Sie (ein paar) Probedaten ein. Eine mögliche Lösung zeigt Bild 65.*

Bild 65: Mögliche Lösung für A 22

A 23 ○ *Richten Sie die referentielle Integrität im Beispiel Schulverwaltung ein und überprüfen Sie die beschriebenen Optionen (Lösch- und Aktualisierungsweitergaben) mit geeigneten Datenbankoperationen.*

4.3 Abfragen

Das Anzeigen bestimmter Datensätze in einer Datenbank kann mit Microsoft® Access über einen sog. Filter auf Tabellen realisiert werden – oder durch eine sog. Abfrage, die weitaus mehr Optionen für die Filterung ermöglicht.

Abfragen werden mit Microsoft® Access – ähnlich wie bereits die Tabellen – mit Hilfe einer grafischen Oberfläche „konstruiert", d.h. auch hier benötigt man keine SQL-Befehle. Ausgangspunkt ist das Datenbankfenster (Bild 66). Nach Auswahl der „Abfragen-Option" stehen verschiedene Möglichkeiten zur Verfügung (rechter - weißer - Bereich in Bild 66).

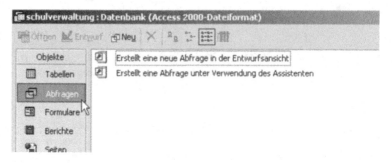

Bild 66: Abfragen im Microsoft® Access-Datenbankfenster

Es ist empfehlenswert, eine neue Abfrage immer in der sog. Entwurfsansicht festzulegen. Dadurch kann die Abfrage sehr gut auf die eigentlichen Bedürfnisse angepasst werden. Bei der Auswahl dieser Option muss im folgenden Dialogfenster zunächst die der Abfrage zugrunde liegende Tabelle ausgewählt werden (① in Bild 67). Es kann aber auch eine (bereits erstellte) Abfrage als Grundlage ausgewählt werden – sog. Unterabfrage, womit sehr komplexe Abfragekonstruktionen ermöglicht werden. Nach der Auswahl erscheint die gewählte Tabelle (oder Abfrage) im oberen Bereich (② in Bild 67) des „Abfragefensters".

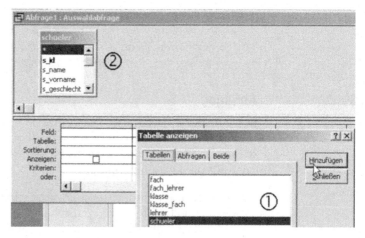

Bild 67: Einrichten neuer Abfragen mit 2 Bearbeitungsschritten

Dieses „Abfragefenster" erlaubt jetzt die grafische Erstellung der Abfrage in der sog. QBE-Ansicht (*Query-by-Example-view*). Auch hier bleibt die Datenbanksprache SQL im Hintergrund, kann aber – im Gegensatz zu den Tabellen – über eine andere Ansicht verwendet werden. Dies kann v.a. für spezielle Abfrageparameter notwendig werden. Die sog. „Datenblattansicht" (Bild 68) gibt eine Voransicht der Abfrageergebnisse, ohne die Abfrage selbst auszuführen.

Bild 68: Verschiedene Ansichten (*views*) für eine Abfrage

Das Erstellen der Abfrage in der Entwurfsansicht (=QBE-Ansicht) erfolgt vollständig grafisch orientiert. Dabei werden die benötigten Felder (=Spalten) der Tabelle per *Drag-And-Drop* (und Doppel-Klick) ausgewählt bzw. zugeordnet (siehe Mauszeiger in Bild 69).

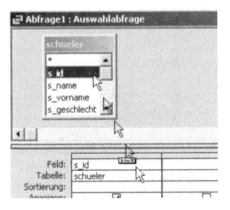

Bild 69: *Drag-And-Drop*-Auswahl eines Feldes für eine Abfrage

Bild 70 zeigt im Beispiel *Schulverwaltung* die Möglichkeit in einer Abfrage alle Schülerinnen (② in Bild 70 – Kriterium *W* für das Feld *s_geschlecht*), sortiert zunächst nach Klassenzugehörigkeit, dann alphabetisch nach Nach- und dann Vornamen (① in Bild 70 – Sortierung *Aufsteigend* bei den Felder *k_id*, *s_name* und *s_vorname*) anzuzeigen. (Die Kriterien für die jeweiligen Spalten müssen – natürlich – den entsprechenden Spalteninhalten angepasst sein.)

Die Abfrage (besser gesagt die Abfragedefinition) kann dann abgespeichert werden (③ in Bild 70). Obwohl Microsoft® Access Tabellen und Abfragen innerhalb des Datenbankfensters in zwei verschiedenen Bereichen anlegt, wird bei der Vergabe von Namen nicht zwischen den beiden unterschieden. Es ist daher ratsam, sich auch hier an eine einheitliche Benennungsvorschrift zu halten – z.B. *tab_name* für eine Tabelle und *af_xxx* für eine Abfrage[9].

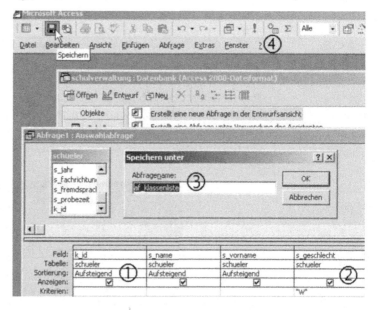

Bild 70: Klassenlisten-Abfrage in der *Schulverwaltung*

---

[9]   Um eine bessere Lesbarkeit zu erreichen, wurde bei den vorliegenden Tabellen der *Schulverwaltung* darauf verzichtet.

Die Abfrage wird durch den entsprechenden Befehl in der Menüleiste bzw. das entsprechende Symbol in der Symbolleiste ausgeführt (④ in Bild 70 - bzw. Bild 71)

Bild 71: Ausführen der Abfrage

Die Ergebnisse werden dann tabellarisch angezeigt und können ggf. weiterverarbeitet werden (Bild 72).

	k_id	s_name	s_vorname	s_geschlecht
	1	Csiki	Judith	W
	1	Krammer	Christine	W
	3	Birzl	Daniela	W
	3	Winkler	Katja	W

Bild 72: Ergebnisse der Abfrage

Wie bereits mehrfach erwähnt, basieren alle Datenbankoperationen von Microsoft® Access auf SQL. Daher könnten Abfragen auch über die Eingabe der entsprechenden SQL-Befehle realisiert werden. Die zur Eingabe dieser Befehle notwendige SQL-Ansicht kann über den Wechsel der Ansicht (① in Bild 73) aufgerufen werden.

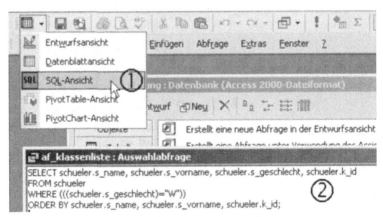

Bild 73: SQL-Ansicht einer Abfrage

Die SQL-Befehle der *af_klassenliste* (② in Bild 73) wurden allerdings von Microsoft® Access erzeugt. Daher müssen diese nicht immer dem SQL-Standard entsprechen. Weitere Erläuterungen zu SQL erfolgen in den Kapiteln zu MySQL.

Komplexe Abfragen

Die Kriterien für eine Abfrage können sehr komplex angelegt werden. Zum einen können sog. *wildcards* (oder *joker*) verwendet werden, um in Datensätzen nach bestimmten Zeichen bzw. Zeichenketten zu suchen. So steht z.B. der Stern * für eine beliebige Anzahl von beliebigen Zeichen. Nähere Informationen dazu findet man in der Access-Hilfe. Zum anderen ist es möglich, auf den Inhalt der Datensätze Funktionen und andere Operatoren (als der Vergleichsoperator) anzuwenden.

Im Beispiel *Schulverwaltung* kann mit Hilfe einer Abfrage eine Klasseniste aller Schüler erstellt werden, die im Sommer[10] Geburtstag haben. Grundlage für diese Abfrage bildet die Tabelle *schueler*, aus der die benötigten Informationen – Name, Vorname, Geburtstag, Klasse – entnommen werden. Diese Abfrage kann dann folgendes Aussehen aufweisen:

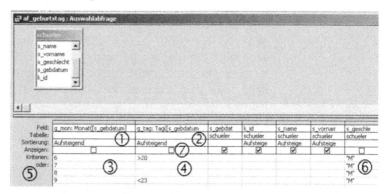

Bild 74: Komplexe Abfrage

Zunächst werden die Datumsfunktionen Monat() und Tag() (① und ② in Bild 74) auf das Feld *s_gebdatum* angewendet, damit der entsprechende Monat und der Tag ausgegeben werden können. Durch die Position der beiden (zusätzlichen) Spalten erfolgt

---

[10] vom 21.Juni bis einschließlich 22.September

eine Sortierung zuerst nach Monat und dann nach dem Tag des Geburtsdatums.

Da die Datumsfunktionen Integerwerte zurückliefern, können über die Kriterien und Operatoren die „Sommergeburtstagskinder" erfasst werden (③ und ④ in Bild 74). Innerhalb einer Zeile sind alle Kriterien mit UND verknüpft. Für die Einschränkung – Juni (= 6. Monat) im Geburtsdatum – gilt daher zusätzlich, dass der Tag größer als 20 sein muss und das Geschlecht des Schülers männlich (= „M") ist. Da die Kriterien der untereinanderliegenden Zeilen mit ODER verknüpft sind, muss die Einschränkung – Geschlecht = „M" – in jeder Zeile aufgeführt werden (⑤ und ⑥ in Bild 74). Die Hilfsfelder (Spalte 1 und 2 in Bild 74) erscheinen nicht in der Abfrage, da die Anzeigeoption jeweils deaktiviert ist (⑦ in Bild 74).

Weitere Informationen zur Vielzahl der möglichen Funktionen und (die auf Feldinhalte anwendbaren) Berechnungen – z.B. Summen- oder Mittelwertbildung – können über die Microsoft® Access-Hilfe abgerufen werden.

Der Inhalt mehrerer Tabellen kann ebenfalls durch eine (komplexe) Abfrage angezeigt werden. Das ist eine sehr häufige Abfrageart, da nach einer erfolgreichen Normalisierung die Daten redundanzarm auf verschiedenen Tabellen aufgeteilt sind.

So sind im Beispiel der *Schulverwaltung* die Daten für eine Klasse (Schüler, Fächer, Lehrkräfte, Klassleitung, Klassensprecher) über mehrere Tabellen verteilt. Dabei enthalten die Tabellen *schueler*, *lehrer*, *fach* und *klasse* die eigentlichen „Stammdaten" und die Verbindungstabellen *klasse_fach* und *fach_lehrer* die „beweglichen Daten".

Will man innerhalb der *Schulverwaltung* eine komplette Klassenliste erstellen – mit vollständigen Klasseninformationen (Klassenbezeichnung; Klassensprecher, Klassleitung) könnte die benötigte Abfrage folgendes Aussehen aufweisen:

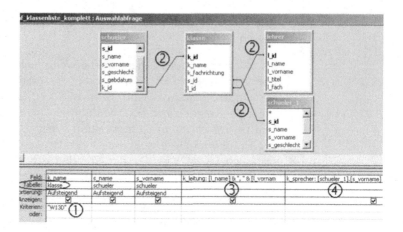

Bild 75: Abfrage über mehrere Tabellen

Bei Abfragen über mehrere Tabellen ist bei der Auswahl der Felder darauf zu achten, dass diese aus der richtigen Tabelle gewählt werden (Markierung in Bild 75). Zudem müssen die abzufragenden Tabellen in geeigneter Weise verbunden sein (② in Bild 75).

Hier muss beachtet werden, dass die „Beziehungen" (besser gesagt: Verbindungslinien) zwischen den Tabellen, die für die referentielle Integrität eingerichtet wurden, automatisch bei der Auswahl der entsprechenden Tabellen für die Abfrage erscheinen. Zusätzlich können hier noch Verbindungslinien zwischen den Tabellen auftauchen, die von Microsoft® Access automatisch eingerichtet wurden. Das ist dann der Fall, wenn die Bezeichnung der Schlüsselattribute stringent erfolgt, d.h. wenn z. B. der Name des Fremdschlüssels der Detailtabelle (oder verwandte Tabelle) dem Namen des Primärschlüssels[11] der Mastertabelle entspricht. Es können daher bei der Auswahl von Tabellen für einen Abfrageentwurf zunächst auch „ungewollte" Verbindungslinien erscheinen, die für den konkreten Abfragefall zu löschen sind. Auf die eingerichteten „Beziehungen" innerhalb der referentiellen Integrität hat dies keinerlei Auswirkung.

---

[11] gemeint ist der Name der Spalte, die als Fremd- bzw. Primärschlüssel deklariert wurde.

```
af_klassenliste_komplett : Auswahlabfrage
SELECT klasse.k_name, schueler.s_name, schueler.s_vorname, [l_name] &
[schueler_1].[s_vorname] & " " & [schueler_1].[s_name] AS k_sprecher
FROM (schueler INNER JOIN (klasse INNER JOIN lehrer ON klasse.l_id = lei
INNER JOIN schueler AS schueler_1 ON klasse.s_id = schueler_1.s_id
WHERE (((klasse.k_name)="W13D"))
ORDER BY klasse.k_name, schueler.s_name, schueler.s_vorname;
```

Bild 76: Teil der SQL-Ansicht der Abfrage

Die Verbindungen im Beispiel (② in Bild 75) sind sog. Gleichheitsverknüpfungen. Die zugehörige Klausel innerhalb der SQL-Anweisung (Bild 76) ist der sog. INNER JOIN. Daher wird der Verbindungstyp auch häufig als INNER JOIN (auch: EQUI JOIN) bezeichnet. Hierbei müssen die Werte der verknüpften Felder identisch sein, um ein (sinnvolles) Abfrageergebnis zu erzielen. Das zeigt auch das zugehörige Dialogfeld (Doppelklick auf die Verbindungslinie – siehe Bild 64) an.

Im Abfragebeispiel bedeutet dies, dass die ausführlichen Informationen zum Klassensprecher und zur Klassleitung aus den Tabellen *lehrer* und *schueler_1* genommen werden, wenn die Inhalte der Felder *s_id* und *l_id* in den verbundenen Tabellen gleich sind. Ist dies nicht gegeben, wird auch kein Datensatz angezeigt. Die Tabelle *schueler_1* wird für die *JOIN*-Verknüpfung benötigt und „entsteht" durch eine mehrfache Auswahl der Tabelle *schueler* beim Abfrageentwurf (vgl. Bild 67).

Durch die ausführlicheren Informationen aus der Tabelle *klasse* wird das Kriterium für die Filterung übersichtlicher (① in Bild 75). Die Informationen können auch zusammengesetzt (*konkateniert*) in einem (frei benennbaren) Feld der Abfrage aufgeführt werden (③ und ④ in Bild 75). Hier muss unter Umständen die Ursprungstabelle explizit angegeben werden (④ in Bild 75), so dass die Ausdrücke z.T. sehr lang werden.

Die Klausel INNER JOIN wertet nur Ausdrücke aus, die nicht NULL sind. So werden z.B. bei einer Prüfung auf Gleichheit von Werten zwischen zwei Tabellen alle Zeilen ignoriert, in welchen die zugehörige Zelle leer (NULL) ist. Der INNER JOIN liefert immer nur Informationen über tatsächliche Vorgänge. Über „Nicht-Ereignisse" (z.B. Lehrkräfte, die noch keinem Fach zugeordnet sind) können mit Hilfe des INNER JOIN keine Informationen angezeigt werden. Sollen hierüber Aussagen getroffen werden, gelingt dies mit einer Inklusionsverknüpfung, dem sog. OUTER

JOIN. So werden mit Hilfe der Abfrage auf NULL-Werte (Bild 77) im Beispiel *Schulverwaltung* alle Namen derjenigen Lehrkräfte ausgegeben, die noch keinem Fach zugeordnet sind.

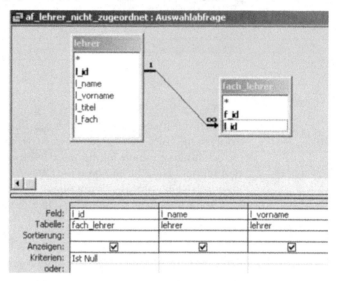

Bild 77: Abfrage auf NULL-Werte

Diese Lehrkräfte haben keinen Eintrag in der Verbindungstabelle *fach_lehrer*, d.h. die zugehörige *l_id* ist in dieser Tabelle NULL. Die Verbindung zwischen den Tabellen muss auf den Typ 2 (vgl. Bild 64) – d.h. den sog. (OUTER) LEFT JOIN eingestellt werden. Bild 78 zeigt die zugehörige SQL-Ansicht.

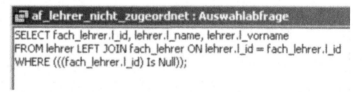

Bild 78: SQL-Ansicht der Abfrage aus Bild 77

Parameterabfragen

Ein bestimmtes Kriterium für die Auswahl von Datensätzen muss nicht gleich beim Erstellen der Abfrage festgelegt werden. Es kann auch – als Parameter – bei der Ausführung der Abfrage eingegeben werden. Die Abfrage nach kompletten Klassenlisten (vgl. Bild 75) im Beispiel *Schulverwaltung* müsste dazu im Feld *k_name* einen in eckige Klammern gesetzten Eintrag aufweisen (① in Bild 79). Dieser Eintrag erscheint dann im Dialogfeld, wenn die Abfrage ausgeführt wird (② in Bild 79). Voraussetzung dafür ist, dass der Name des Eintrags nicht identisch mit einem Feldnamen ist und bei der Verwendung von Sonderzeichen auf die von Microsoft® Access verwendeten Symbole (v.a. das Ausrufezeichen!) Rücksicht genommen wird.

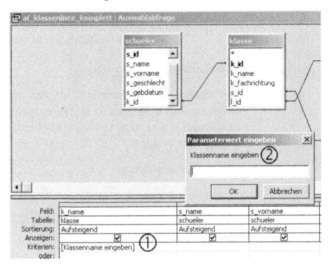

Bild 79: Parameterabfrage

Aktionsabfragen

Mit der bisher erläuterten Vorgehensweise werden – standardmäßig – sog. Auswahlabfragen kreiert. Diese ermöglichen einen speziellen Filter über eine oder mehrere Tabellen. Will man den Datenbestand mit Hilfe einer Abfrage ändern (Datensätze anfügen, ändern oder löschen), so muss der Abfragetyp entsprechend angepasst werden. Dazu stehen in Microsoft® Access die folgenden Varianten zur Verfügung (Bild 80).

Kreuztabellenabfrage:

Eine Kreuztabellenabfrage ist eine spezielle Auswahlabfrage, die es ermöglicht Datensätze gezielter zu analysieren. Bei einer einfachen Auswahlabfrage können lediglich Spalten genauer betrachtet werden (Beispiel siehe Aufgabe A 26). Bei einer Kreuztabellenabfrage können Analysen über die Spalten und Zeilen vorgenommen werden.

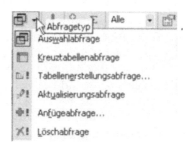

Bild 80: Aktionsabfragen in Microsoft® Access

Tabellenerstellungsabfrage:

Aus einer (oder mehreren) Tabellen werden Datensätze ausgewählt und in eine neue Tabelle eingefügt. Beim Erstellen dieser Abfrageart muss der (neue) Tabellenname (incl. der "Zielort") angegeben werden.

Aktualisierungabfrage:

Es können Datensätze in einer vorhandenen Tabelle auf Grundlage anderer Tabellen aktualisiert werden.

Anfügeabfrage:

Aus einer (oder mehreren) Tabellen werden Datensätze ausgewählt und an eine vorhandene Tabelle angefügt.

Löschabfrage:

Aus einer (oder mehreren) Tabellen werden Datensätze ausgewählt, die dann gelöscht werden.

Da diese Abfragen Datensätze in Tabellen ändern können, werden sie auch als Aktionsabfragen bezeichnet und im Datenbankfenster jeweils mit einem entsprechenden Symbol gekennzeichnet (siehe Bild 80). Nähere Informationen zu den einzelnen Abfragearten findet man in der Access-Hilfe.

Aufgaben

A 24 ⃝ *Erstellen Sie eine Auswahlabfrage, die:*
- *die Spalten (Attribute) s_name, s_vorname und*
- *alle Schülerinnen, der Vorname mit einem R beginnt und mit einem e endet, anzeigt!*

A 25 ⃝ *Erstellen Sie eine Auswahlabfrage, die:*
- *die Spalten (Attribute)* s_name, s_vorname, s_geburtsdatum *und*
- *alle Schüler - sortiert nach ihrem (aktuellen) Alter - anzeigt!*

A 26 ⃝ *Erstellen Sie eine Parameterabfrage, die die Anzahl der SchülerInnen einer – als Klassenname abzufragenden - Klasse ausgibt.*

A 27 ⃝ *Erstellen Sie mit Hilfe einer geeigneten Abfrage für jede Klasse der Schulverwaltung eine alphabetisch sortierte Klassenliste (= neue Tabelle), die folgende Spalten (Attribute) enthält:* s_name, s_vorname, s_geburtsdatum.

A 28 ⃝ *Löschen Sie mit einer geeigneten Abfrage alle Schüler aus den in A 27 erstellten Klassenlisten. Der Klassenname soll dabei beim Ausführen der Abfrage bestimmt werden.*

A 29 ⃝ *Erstellen Sie mit Hilfe geeigneter Abfragen alphabetisch sortierte Schülerlisten für drei verschiedene Religionsunterrichte (katholisch, evangelisch, Ethik) mit folgenden Spalten (Attribute):* s_name, s_vorname, s_geburtsdatum, klassen_name.

A 30 ⃝ *Erstellen Sie mit Hilfe einer geeigneten Abfrage eine Tabelle mit einer Übersicht über alle Schüler und Schülerinnen in der* Schulverwaltung. *Dabei sollen nur die Zahlen der Schüler pro Klasse (d.h. Anzahl weiblich, männlich und gesamt) angezeigt werden. Verwenden Sie ggf. die Access-Hilfe und den „Abfrage-Assistenten".*

A 31 ⃝ *Kreieren Sie die Abfrage af_klassenliste_komplett ohne die SQL-Klausel* JOIN *(vgl. Bild 75). Recherchieren Sie dann den Unterschied zwischen diesen beiden Abfragearten (Hinweis: Vergleich der Laufzeiten und Größe der Zwischentabelle)*

A 32 ⃝ *Geben Sie mit einer geeigneten Abfrage die Namen aller Schülerinnen aus, die im Beispiel* Schulverwaltung *nicht von der Lehrkraft Otmar Krause unterrichtet werden!*

4.4 Formulare und Berichte

Bildschirmmasken – sog. Formulare – erleichtern die Verwaltung der Daten. Das Erstellen, Suchen, Ändern und Löschen von Datensätzen wird dadurch erheblich bequemer.

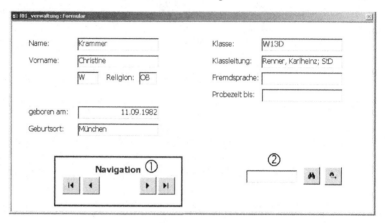

Bild 81: Formularbeispiel für die *Schulverwaltung*

Im Beispiel *Schulverwaltung* erleichtert das im Bild 81 abgebildete Formularbeispiel die Eingabe und das Verwalten der Schülerdaten gegenüber der Datenpflege per Tabelle. Über die sog. Makros können auf Formularen auch ohne spezielle Programmierkenntnisse Datenbankanwendungen (z.B. Suchen von Datensätzen) automatisiert werden. Im Beispielsformular (Bild 81) unterstützen Makros im Bereich ① das Navigieren und im Bereich ② das Suchen im Datenbestand. Komplexere Anwendungen sind – wie bereits erwähnt – über die integrierte Skriptsprache Visual Basic for Application (VBA) möglich.

Formulare „fußen" auf Tabellen oder Abfragen und gestatten dem Benutzer eine ganz spezielle Sichtweise auf die Daten – die wiederum der Datenbankadministrator festlegt. Formulare können aber auch ungebunden sein und für die Benutzerführung und -steuerung innerhalb der Datenbankverwaltung eingesetzt werden. Dies kann so weit verfeinert werden, dass die eigentliche Grundlage – das Microsoft® Access-Datenbankfenster – vollkommen in den Hintergrund tritt.

Auch für das Erstellen der Formulare bietet Microsoft® Access einen sog. Assistenten an, der über eine Vielzahl an vordefinierten Lösungen verfügt. Für speziellere Formularentwürfe bietet sich aber eine manuelle Vorgehensweise – analog zu den Abfragen. Weitergehende und genauere Anleitungen hierzu bieten – neben der Access-Hilfe – eine Vielzahl von Kompendien und Ratgebern.

Ähnlich verhält es sich mit den sog. „Berichten". Ein Microsoft® Access-Bericht ist nichts anderes als eine spezielle Ausgabeform von Datensätzen – vorzugsweise auf den Drucker. Berichte beziehen sich auf Tabellen oder Abfragen und erlauben optisch ansprechendere Listen oder Übersichten. Eine Vielzahl von Optionen (z.B. Gruppieren und Sortieren von Datensätzen) stehen auch hier zur Verfügung.

Ein Beispiel für einen Bericht zeigt Bild 82: Grundlage ist die (um einige Spalten erweiterte) Abfrage *af_klassenliste_komplett* (vgl. Bild 75).

Klassenliste

W 13D ②   ③   Leitung: Renner, Karlheinz; StD
                               Klassensprecherin: Christine Krammer

Name	Vorname	G	Rel	geb. am:	in:
Bauer	Christopher ①	M	RK	17.06.1976	Kirchheim b. München
Biebel	Stefan	M	RK	09.05.1985	Ottobrunn
Csiki	Judith	W	BL	28.04.1983	München
Forrai	Jennifer	W	BL	22.06.1984	München
Gamel	Katharina	W	OB	26.08.1984	München
Köhler	Tanja	W	OB	19.09.1979	München
Krammer	Christine	W	OB	11.09.1982	München
Kürzinger	Judith	W	RK	09.09.1985	Putzbrunn
Lachermeier	Ute	W	OB	02.08.1982	München
Lackermeier	Erika	W	BL	26.01.1983	München
Mayer	Regina	W	BL	12.07.1982	München
Miesl	Alexander	M	OB	17.07.1984	München
Mühlbauer	Leopold	M	BL	18.03.1982	München
Rutsch	Doreen	W	EV	25.03.1986	Kastl
Sander	Stephanie	W	BL	25.08.1982	München
Schäfer	Sebastian	M	BL	09.05.1980	München
Schwing	Katharina	W	BL	20.04.1985	München

Anzahl der Schüler in dieser Klasse: 17 ④

Bild 82: Beispiel für einen Bericht – Klassenliste für den Ausdruck

Neben der genauen Platzierung der einzelnen Attributwerte (① in Bild 82) ist innerhalb des Berichts eine Gruppierung nach der Klasse (② in Bild 82), eine Darstellung der (gruppenspezifischen) Einzeldaten (③ in Bild 82) und eine Berechnung (hier innerhalb der Gruppe – ④ in Bild 82) möglich. Auch hier gilt der Hinweis auf die umfangreiche Literatur und die Access-Hilfe.

Aufgaben

A 33 ⃝ *Erstellen Sie innerhalb der Schulverwaltung ein Daten-verwaltungsformular gemäß den Vorgaben aus Bild 81.*

A 34 ⃝ *Konzipieren Sie für die Schulverwaltung eine Benutzer-führung mit Hilfe von ungebundenen Formularen, Mak-ros und ggf. VBA-Programmen. Skizzieren Sie zunächst schriftlich eine geeignete Struktur, bevor Sie mit der „Er-stellungsarbeit" in Microsoft® Access beginnen.*

A 35 ⃝ *Kreieren Sie einen Bericht nach den Vorgaben von Bild 82. Die Abfrage* af_klassenliste_komplett *(vgl. Bild 75) ist dabei entsprechend zu modifizieren.*

5 Datenbanksystem MySQL

5.1 Grundlagen

MySQL entstand um 1995 als Open Source Projekt für ein relationales Datenbankmanagementsystem (RDBMS) und steht seit dem Jahr 2000 unter der GPL und einer kommerziellen Lizenz (Duales Lizenzsystem) zur Verfügung. MySQL ist i.d.R. kostenfrei nutzbar und es gehört – nicht nur deswegen – zu den am weitesten verbreiteten Open-Source-Programmen. Die anderen Gründe für die Beliebtheit der Software (Schätzungen gehen von derzeit 4 Millionen Installationen weltweit aus) liegen in der Zuverlässigkeit, der Geschwindigkeit und der einfachen Bedienbarkeit. MySQL gehört dem Unternehmen MySQL AB[12] und wird von diesem auch weiterentwickelt. Von deren Website (www.mysql.com) – und anderen Servern – wird die Installationssoftware täglich ca. 35.000-mal heruntergeladen [nach DYER & SCHULTEN, 2006].

MySQL „läuft" auf den meisten Unix-Varianten, Mac OS X, Windows, OS/2 (nur Version 3.x) und weiteren Betriebssystemen. Sehr oft wird MySQL auf einem Linux-System zusammen mit dem Webserver Apache und PHP als Kombinationssoftware, sog. LAMP (oder WAMP bzw. XAMPP bei einer Windows-Installation), eingesetzt.

MySQL erlaubt die Verwendung von verschiedenen Speichermodulen (*Tabellentypen* oder *Engines*, z.B. MyISAM) mit deren unterschiedlichen Vorteilen, wie z.B. Transaktionssicherheit, synchrone oder asynchrone Replikation. MySQL unterstützt beliebig viele Datenbanken mit jeweils beliebig vielen Tabellen beliebiger Größe. Diese Beliebigkeit wird nur vom eingesetzten Betriebssystem beschränkt. Abfragen können sich auf Tabellen unterschiedlichen Typs und unterschiedlicher Datenbanken beziehen, sogar auf verschiedenen Maschinen. Dadurch ist MySQL ein sehr vielseitiges RDBMS, das sich problemlos auf verschiedene Anfor-

---

[12] AB = aktiebolag

derungsprofile einstellen lässt. Aufgrund der kostenfreien Nutzung ist MySQL besonders bei Internetprovidern beliebt und daher entsprechend häufig eingesetzt.

Das MySQL-Paket umfasst mehrere Programme. Da MySQL über eine echte Client-Server-Architektur verfügt, ist neben der Server-Software (den Daemon *mysqld*) auch die Client-Software (mit dem einfachen Namen *mysql*) enthalten. Zusätzlich sind einige Wrapper-Skripten sowie mehrere Dienstprogramme für das Management des MySQL-Servers und für den Import und Export von Daten vorhanden. Die bekanntesten *Tools* sind dabei *mysqladmin* für die Serververwaltung über die Konsole und das sehr beliebte *mysqldump*, das Daten und Tabellenstrukturen als einfache Textdatei (sog. *dump*-Datei) exportiert.

Für MySQL existieren auch GUI-Programme, z.B. der *MySQL-Administrator* der Firma MySQL AB (Bild 83), der eine grafisch orientierte Steuerung und Verwaltung des Servers zur Verfügung stellt.

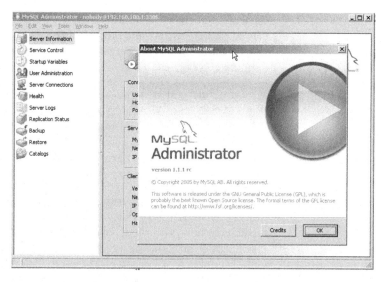

Bild 83: GUI-Programm *MySQL-Administrator*

Clientseitig sind die beiden sehr ausgereiften und mit einem großen Funktionsumfang versehenen (allerdings kostenpflichtigen) Programme *MySQL-Front* der Firma Star Tools GmbH (Bild 84) und *MySQL-Explorer* der Firma Toolmagic Software empfehlenswert (Bild 85).

Da bei der Zielsetzung dieses Buches die Datenbankentwicklung für IT-Berufe im Vordergrund steht, wird nachfolgend nicht mehr weiter auf die Installation, den Betrieb und die Benutzerverwaltung eines MySQL-Servers eingegangen. Dafür gibt es zahlreiche Hinweise und Tipps entweder in Buchform oder Online-Dokumentationen (z.B. bei MySQL AB).

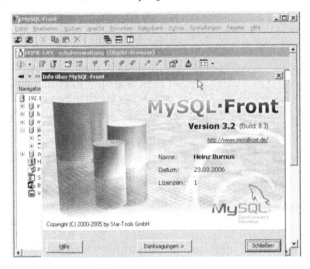

Bild 84: GUI-Client *MySQL-Front*

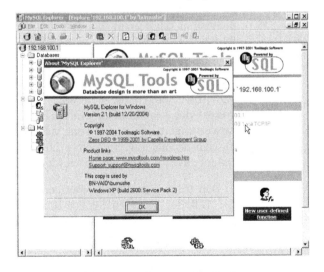

Bild 85: GUI-Client *MySQL-Explorer*

Für die Implementierung der Datenbank – also für die physische Phase der Datenbankentwicklung – mit MySQL muss an dieser Stelle überlegt werden, mit welchem Hilfsmittel dies erfolgt. Neben der Frage des Clients betrifft dies auch die Zugriffsproblematik.

Clientseitig stehen – wie bereits erwähnt – der einfache textorientierte *mysql*-Client, GUI-Clients oder ein Zugriff über einen Browser mit einer serverseitigen Skriptsprache zur Verfügung. Während bei den beiden letztgenannten Möglichkeiten ein Zugriff ausschließlich über ein TCP/IP-Netzwerk erfolgt, kann der *mysql*-Client über die Konsole sowohl direkt auf dem Server, wie auch über ein TCP/IP-Netzwerk (vorzugsweise über SSH) bedient werden.

Da eine Einführung einer Skriptsprache den Umfang des Buches übersteigt und sich bei der Verwendung eines GUI-Clients nur geringe Abweichungen gegenüber den Beschreibungen von Kapitel 4 ergeben, folgt in den nächsten beiden Teilkapiteln eine Darstellung der Vorgehensweise mit dem *mysql*-Client. Damit verbunden ist eine kurze Einführung in die Abfragesprache SQL.

SQL ist eine deskriptive Programmiersprache (besser gesagt: Anfragesprache). Im Gegensatz zu den prozeduralen Programmiersprachen wird bei diesen Programmiersprachen lediglich das gewünschte Ergebnis einer Berechung angegeben (angefragt), nicht aber die eigentliche Berechnungsvorschrift (eine Prozedur, Funktion usw.).

Für die Definition der Datenbank (und ihrer Bestandteile) verwendet man – gemäß dem ANSI-SPARC-Modell (vgl. Bild 5) – SQL-Anweisungen die dem sog. DDL-Teil (Data Definition Language) der Programmiersprache SQL zugeordnet werden. Diese Anweisungen haben z.T. sehr viele Klauseln und Optionen, die für den normalen Gebrauch – d.h. die Erstellung einer einfachen Datenbank – nicht benötigt werden.

In den folgenden Beschreibungen erscheint daher nur ein kleiner Teil der genauen Syntax der SQL-Anweisungen. Ausführlichere Informationen müssen der umfangreichen Literatur bzw. den zahlreichen Online-Dokumentationen entnommen werden.

Verbindung zum MySQL-Server herstellen

Um sich zum MySQL-Server zu verbinden, muss beim Aufruf von *mysql* an der Konsole in der Regel einen MySQL-Benutzernamen und üblicherweise auch ein Passwort angeben werden (Zeile1 und 2; Bild 86). Erfolgt die Verbindung über ein Netzwerk – läuft der MySQLServer also auf einem anderen Rechner, gibt man auch einen Hostnamen an (Zeile 1; Bild 86).

Diese Verbindungsparameter müssen bekannt sein, damit der Zugriff mit *root*-Rechten auf den MySQL-Server möglich ist. Die weiteren MySQL-Übungen setzen dies voraus. Wenn dieser Zugriff erfolgreich ist, erhält man einige einführende Informationen, gefolgt von der *mysql*-Eingabeaufforderung (Zeile 9; Bild 86). Diese zeigt an, dass der *mysql*-Client für weitere Eingaben bereit ist.

Nach Eingabe des Befehls help erhält man eine Übersicht über weitere Befehle – zusammen mit einer kurzen Beschreibung.

```
1   shell> mysql -h host -u user -p
2   Enter password: ********
3
4   Welcome to the MySQL monitor.  Commands end with ;
    or \g.
5   Your MySQL connection id is 22 to server version:
    5.0.18
6
7   Type 'help;' or '\h' for help. Type '\c' to clear
    the buffer.
8
9   mysql>
```

Bild 86: Vereinfachter Aufruf des *mysql*-Clients

Der MySQL-Client und damit auch die Verbindung zum MySQL-Server wird durch die Eingabe *quit* (oder *exit*) nach der *mysql*-Eingabeaufforderung (Zeile 9; Bild 86) beendet.

Die nachfolgenden Übungen gehen davon aus, dass eine erfolgreiche Verbindung zum MySQL-Server gestartet wurde.

Einfache Kommunikation mit dem MySQL-Server

Die Kommunikation mit dem MySQL-Server erfolgt mit Hilfe von SQL-Ausdrücken (SQL-Statements). Für die einfache Kommunikation reicht z.B. der Befehl SELECT *version()*; eingegeben nach der *mysql*-Eingabeaufforderung (Zeile 9; Bild 86). Es folgt die Serverantwort:

```
1    mysql> SELECT version();
2    +-----------+
3    | version() |
4    +-----------+
5    | 5.0.18    |
6    +-----------+
7    1 row in set (0.00 sec)
8
9    mysql>
```

Bild 87: Kommunikation mit dem MySQL-Server

Die SQL-Statements können auch mehrteilig und -zeilig abgefasst werden:

```
1    mysql> SELECT version(), current_date;
2    +-----------+--------------+
3    | version() | current_date |
4    +-----------+--------------+
5    | 5.0.18    | 2007-04-09   |
6    +-----------+--------------+
7    1 row in set (0.00 sec)
8
9    mysql>
```

```
1    mysql> SELECT
2        -> user()
3        -> ,
4        -> current_date;
5    +----------------+--------------+
6    | user()         | current_date |
7    +----------------+--------------+
8    | root@localhost | 2007-04-09   |
9    +----------------+--------------+
10   1 row in set (0.00 sec)
11
12   mysql>
```

Bild 88: Mehrere Befehle mit dem *mysql*-Client

Diese Anfragen zeigen die Besonderheiten des *mysql*-Clients:

- Der Befehl (nach der Eingabeaufforderung) besteht aus einem SQL-Statement und wird (normalerweise) mit einem Semikolon abgeschlossen. Es können auch mehrere Befehle nacheinander – getrennt durch ein Komma – eingegeben werden. Der Abschluss der Befehlskette ist i.d.R. das Semikolon (vgl.Bild 88).

- Nach der Absendung des Befehls und der Server-Antwort zeigt die *mysql*-Eingabeaufforderung die Bereitschaft für weitere Befehle an (Zeile 9; Bild 87 und Bild 88).

- Die Serverantwort erfolgt immer tabellarisch in Zeilen (*rows*) und Spalten (*columns*). Die erste Zeile beinhaltet dabei die Spaltenüberschriften, während die weiteren Zeilen die Ergebnisse der Anfrage enthalten. Die Spaltenüberschriften entsprechen den Spaltennamen der abgefragten Tabellen oder den verwendeten Ausdrücken (siehe Beispiele aus Bild 87 und Bild 88). Zusätzlich gibt der MySQL-Server in der Antwort die Anzahl der Zeilen und die Verarbeitungszeit zurück. Für eine genaue Leistungsbewertung ist die Zeitangabe allerdings nicht geeignet. Sie bietet aber eine grobe Abschätzung der Leistungsfähigkeit des Servers. Auf das Anzeigen dieser Serverinformationen wird in den weiteren Beispielen zugunsten einer besseren Übersichtlichkeit verzichtet.

- Fehler- oder lückenhafte Eingaben zeigt der *mysql*-Client über das Zeichen der Eingabeaufforderung an (Bild 89). Dabei bedeutet:

`mysql>`	Bereit für den nächsten Befehl.
`->`	Wartet auf die nächste Zeile eines mehrzeiligen Befehls.
`'>`	Wartet auf die nächste Zeile und fasst eine Zeichenkette zusammen, die mit einem Apostroph (') beginnt.
`">`	Wartet auf die nächste Zeile und fasst eine Zeichenkette zusammen, die mit Anführungszeichen (") beginnt.

Bild 89: Verschiedene Formen der Eingabeaufforderung

- Bei SQL-Schlüsselwörter wird nicht zwischen Groß- und Kleinschreibung unterschieden (nicht *case-sensitive*). Bei den Namen von Datenbanken, Tabellen und Spalten (Bezeichner) ist dies abhängig vom zugrunde liegenden Betriebssystem. Eine stringente Beachtung des *style guide* verringert hierbei erheblich die Fehlerquote.

Datenbankoperationen auf dem MySQL-Server

Der Befehl *show databases* zeigt eine Übersicht der auf dem MySQL-Server liegenden Datenbanken (Bild 90):

```
1    mysql> show databases;
2    +-------------------+
3    | Database          |
4    +-------------------+
5    | mysql             |
6    +-------------------+
7
     mysql>
```

Bild 90: Anzeige der Datenbanken durch den *mysql*-Client

Die Anzahl der Datenbasen ist bei jedem MySQL-Server unterschiedlich. Die Datenbank *mysql* ist allerdings immer vorhanden, weil dort die Nutzerdaten und deren Zugriffsrechte gespeichert sind.

Das Anlegen einer neuen Datenbank erfolgt mit dem Befehl CREATE DATABASE, gefolgt vom Namen der Datenbank – *schulverwaltung* (Zeile 1; Bild 91). Für die weitere Bearbeitung muss diese Datenbank ausgewählt werden (Zeile 3; Bild 91).

```
1    mysql> CREATE DATABASE schulverwaltung;
2
3    mysql> use schulverwaltung
4    Database changed
5
6    mysql>
```

Bild 91: Datenbankoperationen mit dem *mysql*-Client

Bei jeder neuen Verbindung mit dem MySQL-Server muss die zu bearbeitende Datenbank mit dem *use*-Befehl ausgewählt werden. Alternativ kann bereits beim Start des *mysql*-Clients die betreffende Datenbank ausgewählt werden (Bild 92).

```
1    shell> mysql -h host -u user -p schulverwaltung
2    Enter password: ********
```

Bild 92: Aufruf des *mysql*-Clients mit Wahl der Datenbank

Die so erzeugte Datenbank ist natürlich noch leer, d.h. die entsprechenden Tabellen müssen noch erzeugt werden.

Der Befehl DROP DATABASE, gefolgt vom Namen der entsprechenden Datenbank, entfernt diese vom MySQL-Server.

Aufgabe

A 36 ○ *Verschaffen Sie sich mit dem Befehl* help *und ggf. mit anderen Informationsquellen einen Überblick über die weiteren Befehle des* mysql*-Clients und erstellen Sie – für Ihren eigenen Gebrauch – eine Befehlsreferenz.*

5.2 Tabellen

Für das Anlegen von Tabellen in MySQL verwendet man den Befehl CREATE TABLE. Die grundsätzliche (vereinfachte) Syntax zeigt Bild 93:

```
CREATE TABLE Tabellenname (Spaltendefinitionen,...)

Spaltendefinitionen:
    Spaltenname Datentyp (NOT NULL | NULL) (DEFAULT
    Standardwert) (AUTO_INCREMENT) (PRIMARY KEY)
```

Bild 93: Vereinfachte Syntax der SQL-Anweisung CREATE TABLE

Nach der Festlegung des Tabellennamens erfolgt die Definition der Spalten, wobei hier der Name und der Datentyp anzugeben sind. Optional kann für die Spalte festgelegt werden:

- Es sind keine NULL-Werte erlaubt – d.h. Eingabezwang bei der Dateneingabe – (NOT NULL).

- Der Standardwert, der beim Anlegen eines neuen Datensatzes (= Zeile) automatisch eingetragen wird (DEFAULT)

- Der Wert in dieser Spalte erhöht sich automatisch bei Anlegen eines neuen Datensatzes (AUTO_INCREMENT)

- Die Spalte ist der Primärschlüssel der Tabelle (PRIMARY KEY).

Bei der Umsetzung der Relationen des Beispiels *Schulverwaltung* (vgl. Bild 51) benötigt man z.B. die Tabelle *lehrer*. Die dazu erforderliche SQL-Anweisung zeigt Bild 94.

Die im relationalen Modell festgelegten Attribute der Relationen erscheinen als Spalten der Tabelle *lehrer* mit einer sinnvollen Festlegung des jeweiligen Datentyps. Als Primärschlüssel der Tabelle wird die Spalte *l_id* gewählt (Zeile 2; Bild 94). Für diese Spalte empfiehlt sich – gemäß den Forderungen an einen Primärschlüssel – der Datentyp integer mit AUTO_INCREMENT-Funktionalität. Für die anderen Spalten wählt man das Format Text (oder Zeichen *character*) mit variabler Länge. MySQL unterstützt eine Vielzahl an Datentypen. Nähere Informationen – auch zur nachträglichen Modifikation der Tabellendefinitionen mit Hilfe des Befehls ALTER TABLE – findet man in zahlreichen Büchern und Online-Dokumentationen.

```
1   mysql> CREATE TABLE lehrer (
2       -> l_id int AUTO_INCREMENT PRIMARY KEY,
3       -> l_name varchar(50),
4       -> l_vorname varchar(50),
5       -> l_titel varchar(10),
6       -> l_fach varchar(30)
7       -> );
8
9   mysql>
```

Bild 94: Anlegen der Tabelle *lehrer* in der *schulverwaltung*

Als RDBMS bietet auch MySQL die Option der sog. referentielle Integrität. Die Einrichtung dieser Option wird in MySQL über die Bestimmung des Fremdschlüssels einer Tabelle gelöst (Bild 95). Allerdings unterstützt MySQL die Fremdschlüssel nur auf Tabellen des Typs *InnoDB*. Darauf muss beim Erstellen der Tabellen geachtet werden (Zeile 6; Bild 96). Der Fremdschlüssel kann über die SQL-Anweisung CREATE TABLE zugewiesen werden. Die grundsätzliche Syntax für die Einrichtung lautet:

```
CREATE TABLE Tabellenname (Spaltendefinitionen, Fremdschlüs-
seldefinition,...)

Fremdschlüsseldefinition:
   FOREIGN KEY (Spaltenname,...) REFERENCES
   Tabellenname (Spaltenname,...)
   (MATCH FULL | MATCH PARTIAL)
   (ON DELETE Referenzoptionen)
   (ON UPDATE Referenzoptionen)

Referenzoptionen
   RESTRICT | CASCADE | SET NULL | NO ACTION |
   SET DEFAULT
```

Bild 95: Syntax für das Anlegen eines Fremdschlüssels

Nach dem Schlüsselwort FOREIGN KEY wird der Name der Spalte eingetragen, die als Fremdschlüssel festgelegt wird. Nach der Klausel REFERENCES muss der Name der Referenztabelle und die dortige Spalte (d.h. der Primärschlüssel dieser Tabelle) angegeben werden. MATCH PARTIAL verweist auf einen Teil der Referenzspalte. Bei MATCH FULL muss die gesamte Breite der indizierten Spalten übereinstimmen. Die ON UPDATE -Klausel veranlasst MySQL, Änderungen in der referenzierten Tabelle entsprechend den *Referenzoptionen* nachzuvollziehen, während bei ON DELETE ein entsprechender Löschvorgang stattfindet. Folgende Optionen sind möglich:

- RESTRICT: es sind keine Änderungen oder Löschvorgänge von Zeilen in der Referenztabelle möglich, die mit der aktuellen Tabelle verknüpft sind.

- CASCADE: jeder Änderungs- oder Löschvorgang in den Zeilen der Referenztabelle, wird auf die damit verknüpften Zeilen der aktuellen Tabelle übertragen.

- SET NULL: bei jedem Änderungs- oder Löschvorgang in den Zeilen der Referenztabelle, wird ein NULL-Wert in die damit verknüpften Zeilen der aktuellen Tabelle gesetzt.

- NO ACTION: auf Änderungs- oder Löschvorgang in den Zeilen der Referenztabelle wird nicht reagiert.

- SET DEFAULT: bei jedem Änderungs- oder Löschvorgang in den Zeilen der Referenztabelle sollte der entsprechende Default-Wert in die damit verknüpften Zeilen der aktuellen Tabelle gesetzt werden.

Mit dem nachfolgenden Beispiel soll auch die – bereits kurz erwähnte – Möglichkeit der nachträglichen Änderung der Tabellendefinition mit ALTER TABLE gezeigt werden. Dies ist möglich, da in ALTER TABLE die Konfiguration des Fremdschlüssels mit der gleichen Syntax wie in CREATE TABLE erfolgt.

Die *Schulverwaltung* enthält die Verbindungsrelation *fach_lehrer* die Spalte *l_id* als Fremdschlüssel, da *l_id* in der Tabelle *lehrer* den Primärschlüssel darstellt (vgl. Bild 51). Setzt man diese Relation als MySQL-Tabelle um, so definiert man beim Anlegen der Tabelle (Zeile 1; Bild 96) zunächst die Spalten *f_id* und *l_id* (Zeile 3 und 4; Bild 96) sowie den richtigen Tabellentyp *InnoDB* (Zeile 6; Bild 96). Danach legt man den aus zwei Spalten bestehenden Primärschlüssel (PRIMARY KEY) fest (Zeile 9; Bild 96). Die Definition des Fremdschlüssels und damit die Einrichtung der referentiellen Integrität erreicht man ebenfalls über den ALTER TABLE-Befehl (Zeilen 12 und 13; Bild 96).

```
1    mysql> CREATE TABLE fach_lehrer (
2        ->
3        -> f_id int,
4        -> l_id int
5        -> )
6    type = innodb;
7
8    mysql> ALTER TABLE fach_lehrer
9        -> ADD PRIMARY KEY (f_id, l_id);
10
11   mysql> ALTER TABLE fach_lehrer
12       -> ADD FOREIGN KEY (l_id) references
13           lehrer(l_id) on delete cascade;
14
15   mysql> ALTER TABLE fach_lehrer
16       -> ADD FOREIGN KEY (l_id) references
             lehrer(l_id) on update cascade;
17
18   mysql>
```

Bild 96: Umsetzung der Relation *fach_lehrer* in eine MySQL-Tabelle

Mit dem Befehl DESCRIBE kann die Tabellendefinition noch einmal betrachtet werden (Bild 97). Die Anweisung DROP TABLE entfernt die Tabelle aus der Datenbank.

```
1    mysql> describe lehrer;
2
3    +-----------+-------------+------+-----+---------+----------------+
4    | Field     | Type        | Null | Key | Default | Extra          |
5    +-----------+-------------+------+-----+---------+----------------+
6    | l_id      | int(11)     | NO   | PRI | NULL    | auto_increment |
7    | l_name    | varchar(50) | YES  |     | NULL    |                |
8    | l_vorname | varchar(50) | YES  |     | NULL    |                |
9    | l_titel   | varchar(10) | YES  |     | NULL    |                |
10   | l_fach    | varchar(30) | YES  |     | NULL    |                |
11   +-----------+-------------+------+-----+---------+----------------+
12   5 rows in set (0.01 sec)
13
```

Bild 97: Screenshot des *DESCRIBE*-Befehls

Das Einfügen von Daten in die MySQL-Datenbank mit Hilfe des *mysql*-Clients realisiert man mit der INSERT INTO-Anweisung. Damit werden immer vollständige Datenzeilen hinzugefügt. Die allgemeine (vereinfachte) Syntax lautet (Bild 98):

```
INSERT (INTO) Tabellenname SET (Spaltenname = Wert, ..)
oder:
INSERT (INTO) Tabellenname VALUES (Spaltenname = Wert, ..)
oder:
INSERT (INTO) Tabellenname SELECT (Spaltenname = Wert, ..)
```

Bild 98: Vereinfachte Syntax der SQL-Anweisung INSERT INTO

Es stehen drei Varianten zur Verfügung. Die erste Anweisungsart kann nur eine einzige Datenzeile in eine Tabelle einfügen. Der jeweils zugewiesene *Wert* steht nach dem Gleichheitszeichen bei dem entsprechenden *Spaltennamen*. Der *Wert* kann auch ein Ausdruck (berechneter Wert) sein. Bei der Angabe DEFAULT setzt der MySQL-Server den Standardwert für diese Spalte ein. Mit der zweiten Anweisungsart können mehrere Zeilen gleichzeitig eingefügt werden, und die dritte Variante ermöglicht das Eintragen von Werten, die mit Hilfe einer SELECT-Anfrage aus einer anderen Tabelle entnommen wurden.

In der Tabelle *lehrer* der *Schulverwaltung* ergibt sich mit dem Eintrag von Daten folgendes Bild:

```
1    mysql> INSERT INTO lehrer set
2         -> l_id='1',
3         -> l_name='Krause',
4         -> l_vorname='Otmar',
5         -> l_titel='StD',
6         -> l_fach="Physik";
7    Query OK, 1 row affected (0.00 sec)
8
9
10   mysql> INSERT INTO lehrer
11        -> (l_name, l_vorname, l_titel, l_fach) values
12        -> (""Krause", "Otmar", "StD","Physik"),
13        -> ("Renner", "Karlheinz", "StD","Mathe");
14   Query OK, 2 rows affected (0.01 sec)
15   Records: 2  Duplicates: 0  Warnings: 0
```

Bild 99: Eingabe von Daten in die Tabelle *lehrer*

Die Zeilen 1 – 6 in Bild 99 zeigen die Anwendung der Variante 1 der INSERT INTO-Anweisung. In den Zeilen 10 – 14 in Bild 99 werden die Daten mit Hilfe der 2. Variante in die Tabelle *lehrer* eingefügt. Bei beiden Varianten müssen die Werte (*Literale*) für die einzelnen Spalten – ANSI-konform – in Hochkommas (') bzw. können auch in Anführungszeichen (") übergeben werden. In beiden Varianten werden jeweils die Spalten angegeben, in die Werte eingetragen werden sollen. Bei Variante 1 findet eine „direkte" Zuweisung statt. In Variante 2 werden die Spaltennamen am Beginn aufgelistet (Zeile 11 in Bild 99). Spalten ohne Wertzuweisung listet man nicht auf, wobei bei Spalten mit AUTO_INCREMENT-Option (vgl. Bild 94) der Wert durch das DBMS festgesetzt wird.

MySQL bestätigt den erfolgreichen Eintrag der Daten (Zeilen 7 und 14-15 in Bild 99). Eine sofortige, direkte Ansicht der eingetragenen Daten – ähnlich wie in Microsoft[®] Access – ist nur durch einen GUI-Client möglich (Bild 100). Mit dem *mysql*-Client erfolgt eine Ausgabe der Daten über Abfragen.

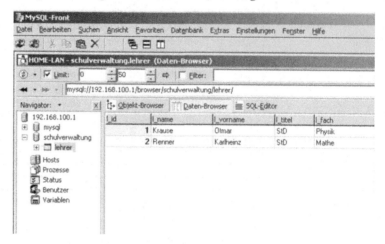

Bild 100: Daten der Tabelle *lehrer* im GUI-Client *MySQL-Front*

Für den Eintrag vieler Datensätze ist der *mysql*-Client ungeeignet. Hier bietet sich an, die Daten in eine Textdatei einzutragen, wobei jeder Datensatz eine Zeile darstellt und die Werte durch ein spezielles Zeichen (meistens Tabulator) getrennt sind. Mit Hilfe der LOAD DATA-Anweisung kann diese Datei direkt in eine Tabelle eingelesen werden. Die GUI-Clients verfügen meistens über eine Importfunktion für gängige Dateiformate.

Aufgaben

A 37 ○ *Setzen Sie Aufgabe A 21 auf den MySQL-Server um.*

A 38 ○ *Informieren Sie sich über die verschiedenen Datentypen, die von MySQL unterstützt werden.*

A 39 ○ *Setzen Sie dann die im Beispiel* Schulverwaltung *entwickelten Relationen als MySQL-Tabellen um.*

A 40 ○ *Fügen Sie auch in den anderen Tabellen (ein paar) Probedaten ein.*

A 41 ○ *Informieren Sie sich über die Option* ON DUPLICATE KEY UPDATE *der SQL-Anweisung* INSERT.

A **42** ○ *Informieren Sie sich über die sog. Literale in SQL, insbe-*
sondere über die String-Literale vor dem Hintergrund des
Problems der Eingabe von Sonderzeichen.

A **43** ○ *Recherchieren Sie die SQL-Anweisungen für das Löschen*
und Ändern von Datensätzen in einer Tabelle.

5.3 Abfragen

Für die Definition der Datenbank (und ihrer Bestandteile) wurde
– gemäß dem ANSI-SPARC-Modell (vgl. Bild 5) – der DDL-Teil
(Data Definition Language) der Programmiersprache SQL verwendet. Unter der Datenmanipulation versteht man sowohl das
Eingeben, Ändern und Löschen von Datensätze wie auch das
Abfragen von Daten. Die Anweisung *INSERT INTO* zählt daher
schon zum DML-Teil von SQL. Den anderen DML-Teil – bilden
die sog. Abfragen.

Wie bereits erwähnt, zählt SQL zu den deskriptiven Programmiersprachen. Bei diesen Sprachen wird lediglich das gewünschte Ergebnis einer Berechnung angefragt. Grundsätzlich setzt sich
eine Anfrage in einer deskriptiven Sprache aus drei Aufgaben
zusammen:

* Es muss die Datenbasis für die Anfrage festgelegt werden.

* Es müssen die Bedingungen angegeben werden, die (Er-
  gebnis-) Daten zu erfüllen haben.

* Es muss die Form der Ergebnisse spezifiziert werden, d.h.
  welche Daten in welcher Form.

Daraus ergibt sich die Grundstruktur einer SQL-Anfrage, der SE-
LECT-FROM-WHERE-Block (SFW-Block). Da SQL weitgehend
das relationale Datenbankmodell umsetzt, entsprechen die SQL-
Anweisungen den Operationen in der relationalen Algebra. Auf
diese soll im Rahmen dieses Buches nur mit einer Darstellung
der Analogie zwischen dem SFW-Block und den Operationen
der relationalen Algebra eingegangen werden (Bild 101).

SQL-Befehl und Beschreibung		Operation, Zeichen und Beschreibung der relationalen Algebra		
SELECT	Hier beschreibt man den exakten Aufbau der Ergebnistabelle.	Projektion	π	Eine Projektion schneidet aus einer gegebenen Relation aus der Sicht der Anwendung alle irrelevanten Attribute aus, ggf. dadurch entstehende Duplikate werden entfernt
FROM	Hiermit wird die (virtuelle) Ausgangstabelle der Anfrage als kartesische Produkt der Ausgangstabellen aufgebaut.	Kartesisches Produkt	X	Das kartesische Produkt zweier Relationen verknüpft jedes Tupel der einen Relation mit jedem Tupel der anderen Relation.
WHERE	Hier werden die Bedingungen angegeben, die die (Ergebnis-) Zeilen erfüllen müssen.	Selektion	σ	Eine Selektion wählt die Tupel aus einer Relation, bei denen ein oder mehrere Attribute eine oder mehrere Selektionsbedingungen erfüllen.

Bild 101: Analogie SQL-Anweisungen zur relationalen Algebra

Die Grundstruktur, d.h. die Reihenfolge der Befehlsteile (SELECT / FROM / WHERE) ist vorgeschrieben (Bild 102) und muss eingehalten werden.

```
SELECT  Spaltennamen
FROM    Tabellenname
WHERE   Anweisungen, Bedingungen
```

Bild 102: Einfachste Form der SELECT FROM-Anweisung

Zunächst werden die Spalten festgelegt, die angezeigt werden sollen. Danach legt man mit FROM die abzufragende Tabelle fest und kann dann (optional) mit WHERE Bedingungen angeben, die die anzuzeigenden Zeilen aufweisen müssen.

Die prinzipielle Abarbeitung des SFW-Blockes erfolgt dann in der Reihenfolge FROM-WHERE-SELECT, also genau entgegen der Formulierungsreihenfolge. In welcher Reihenfolge dann die Bedingungen abgearbeitet werden, entscheidet das DBMS - genauer gesagt der Query-Optimizer des DBMS - alleine, und zwar unter Berücksichtigung vorhandener Schlüssel, Tabellengrößen usw. Das gilt für alle RDBMS.

Die Anzeige aller Spalten (*) der (bisher) eingegebenen Lehrkräfte erreicht man mit der SQL-Anweisung aus Bild 103 (Zeile 1). Die Antwort des MySQL-Servers erfolgt in der bereits beschriebene Form innerhalb des *mysql*-Clients.

```
1    mysql> SELECT * FROM lehrer;
2    +------+--------+-----------+---------+--------+
3    | l_id | l_name | l_vorname | l_titel | l_fach |
4    +------+--------+-----------+---------+--------+
5    |    1 | Krause | Otmar     | StD     | Physik |
6    |    2 | Renner | Karlheinz | StD     | Mathe  |
7    +------+--------+-----------+---------+--------+
8    2 rows in set (0.00 sec)
9
```

Bild 103: Einfache Abfrage der Tabelle *lehrer*

Man erkennt nun, dass das Erstellen von Abfragen in MySQL gegenüber Microsoft® Access erheblich aufwändiger ist, weil es für MySQL keine grafische Konstruktionsoberfläche wie die Access-QBE gibt. Auch bei den GUI-Clients werden Abfragen mit dem sog. SQL-Editor erstellt (Bild 104).

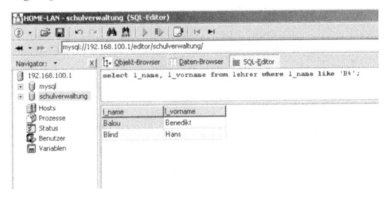

Bild 104: Abfrage mit dem GUI-Client MySQL-Front

Komplexe Abfragen

Komplexere Abfragen werden ebenso von MySQL (bzw. SQL) unterstützt. Neben der Verwendung von *wildcards* (oder *joker*) für das Suchen nach bestimmten Zeichen oder Zeichenketten in den Datensätzen, können – ähnlich wie in Kapitel 4.3 beschrieben – auch andere Operatoren (als der Vergleichsoperator) verwendet werden.

Eine komplexere Abfrage im Beispiel *Schulverwaltung* entsteht mit der Vorgabe, dass nur Lehrkräft mit Nach- und Vornamen ausgegeben werden sollen, deren Nachnamen mit einem B beginnt. Die Abfrage formuliert man im *mysql*-Client wie in Bild 105 ersichtlich:

```
1   mysql> SELECT l_name, l_vorname
2       -> FROM lehrer
3       -> WHERE l_name like 'b%';
4   +--------+-----------+
5   | l_name | l_vorname |
6   +--------+-----------+
7   | Balou  | Benedikt  |
8   | Blind  | Hans      |
9   +--------+-----------+
10  2 rows in set (0.00 sec)
```

Bild 105: Abfrage der Tabelle *lehrer* mit Bedingung und *wildcard*

Nach der SELECT-Anweisung erfolgt die Auswahl der Spalten (Zeile 1 in Bild 105 – *l_name*, *l_vorname*) und mit den Angaben nach dem WHERE-Statement wird die Spalte angegeben, die nach den Kriterien durchsucht werden soll (Zeile 3 in Bild 105 – *l_name*). Das Kriterium nach dem Vergleichsoperator LIKE (Nachnamen beginnen mit einem 'B') ist durch die Angabe eines passenden *Platzhalters* (*wildcard*) – nämlich 'b%' – ausreichend beschrieben (Zeile 3 in Bild 105). Weitere Informationen zu den *wildcards* und anderen Vergleichsoperatoren findet man in den zahlreichen Büchern oder Onlinedokumentationen zu MySQL. Mit einem GUI-Client zeigt sich eine vergleichbare Syntax (vgl. Bild 104).

Schwieriger ist die Abfrage nach den „Sommerkindern" in der *Schulverwaltung*, weil dazu ein etwas komplexerer SELECT-Ausdruck nötig ist.

```
1   mysql> SELECT month(s_gebdatum), day(s_gebdatum),
            s_name, s_vorname
2       -> FROM schueler
3       -> WHERE (month(s_gebdatum) = 6
            AND day(s_gebdatum)>20 AND s_geschlecht='M')
4       -> OR (month(s_gebdatum)=7 AND s_geschlecht='M')
            OR (month(s_gebdatum)=8 AND s_geschlecht='M')
5       -> OR (month(s_gebdatum)=9 AND day(s_gebdatum)<23
            AND s_geschlecht='M')
6       -> ORDER BY month(s_gebdatum), day(s_gebdatum);
```

Bild 106: Abfrage nach den „Sommerkindern" mit MySQL

In Zeile 1 (Bild 106) werden der Monat und der Tag aus dem Geburtsdatum der Schüler mit Hilfe der *month*()- und *day*()- Funktion in eigene (Ausgabe-)Spalten geschrieben. Zusätzlich sollen der Nach- und Vorname des Schülers angezeigt werden.

Mit der FROM-Anweisung (Zeile 2; Bild 106) legt man die *schueler*-Tabelle als Grundlage fest. Die Bedingungen im WHERE-Teil (Zeile 3; Bild 106) sind mit jeweils einem OR verknüpft (Zeilen 4-5; Bild 106) und entsprechen den Vorgaben für diese Abfrage: Anzeige aller männlichen Schüler, die im Sommer[13] Geburtstag haben. Am Ende des WHERE-Befehls (Zeile 6; Bild 106) gibt man die Sortierung der (Ausgabe-)Liste vor: zuerst nach Monat, dann nach Tag. Die aufsteigende Folge innerhalb einer Spalte ist dabei die Standardeinstellung und muss nicht explizit angegeben werden.

Innerhalb der WHERE-Anweisungen sind also weitere Optionen bzw. Klauseln möglich (z.B. GROUP und HAVING). Da eine Vielzahl dieser zusätzlichen Befehlsvariationen für den „normalen" Gebrauch, d.h. die Erstellung einer einfachen Datenbank, nur sehr selten benötigt werden, müssen ausführlichere Informationen dazu der umfangreichen Literatur bzw. den zahlreichen Online-Dokumentationen entnommen werden.

Durch die stringente Datenbankentwicklung (vgl. Kapitel 3) incl. einer möglichen Normalisierung sind die Inhalte der Datensätze auf mehrere Tabellen verteilt. Mit Hilfe von Abfragen können diese Informationen aus mehreren Tabellen angezeigt werden. Dazu verwendet man in MySQL die JOIN-Klausel, die nicht nur bei der SELECT-, sondern auch bei der UDATE- und der DELE-TE-Anweisung gesetzt werden kann. Die beiden letztgenannten Abfragearten entsprechen in Microsoft® Access der sog. Aktualisierungs- bzw. Löschabfrage.

Die JOIN-Klausel ist sehr mächtig und komplex, daher beschränken sich die nachfolgenden Betrachtungen nur auf einen (kleinen) Teil der mit ihr verbundenen Möglichkeiten. Mit der JOIN-Klausel werden Tabellen verknüpft. Grundlage dieser Verknüpfung sind die Spalten der beiden Tabellen, die gleiche Daten enthalten – i.d.R. Schlüsselfelder. Die JOIN-Klausel steht im entsprechenden SQL-Statement an der Stelle, an der die Bezugstabellen angegeben werden. Damit muss man nicht mehr in der WHERE-Anweisung diese (Schlüssel-)Spalten miteinander verknüpfen (vgl. Aufgabe A 49).

---

13   vom 21.Juni bis einschließlich 22.September

Im Beispiel Schulverwaltung soll eine Abfrage der beiden Tabellen *schueler* und *klasse* alle SchülerInnen der Klasse W13D anzeigen. Eine passende SQL-Anweisung mit einer JOIN-Klausel zeigt Bild 107. Damit werden die beiden Tabellen über die beiden Spalten *k_id* verknüpft, und alle die Datensätze aus der *schueler*-Tabelle werden angezeigt, deren ausgewählten Werte – hier der Klassenname W13D – in beiden Tabellenspalten gleich sind.

```
1    mysql> SELECT s_name, s_vorname, k_name
2        -> FROM schueler
3        -> JOIN klasse USING (k_id)
4        -> WHERE k_name = "W13D"
5        -> ORDER BY s_name, s_vorname;
```

Bild 107: SQL-Anweisung mit der JOIN-USING-Klausel

Die anzuzeigenden Spalten (s_name, s_vorname, k_name) werden in Zeile 1 (Bild 107) bestimmt, die abzufragende Tabelle (*schueler*) in Zeile 2 (Bild 107) nach der FROM-Anweisung. Da die Bezeichnung k_name eindeutig der Tabelle *klasse* zugeordnet werden kann, vereinfacht sich die Benennung von klasse.k_name auf k_name. Eine weitere Besonderheit der konsequenten Benennung und Beachtung des *style guide* zeigt sich jetzt bei Formulierung der JOIN-Klausel. Der Ausdruck vereinfacht sich zu USING (k_id) – Zeile 3; Bild 107 – weil die Benennung beider Spalten in den Tabellen gleich gewählt wurde. Ansonsten müsste das Schlüsselwort ON verwendet werden (Zeile 3; Bild 108).

```
1    mysql> SELECT s_name, s_vorname, k_name
2        -> FROM schueler
3        -> JOIN klasse ON schueler.k_id = klasse.k_id
4        -> WHERE k_name = "W13D"
5        -> ORDER BY s_name, s_vorname;
```

Bild 108: SQL-Anweisung mit der JOIN-ON-Klausel

Die JOIN-Klausel „erledigt" an dieser Stelle auch noch das Problem, dass der Klassenname (k_name) in der Tabelle schueler nicht aufgeführt wird, sondern die Klassennummer (k_id). Das Namenskriterium (Klassenname = W13D) wird über die WHERE-Anweisung aus der Tabelle *klasse* herausgesucht. Würde man auf die Anzeige der Spalte k_name verzichten (Zeile 1 in Bild 107 und Bild 108), würde aus der Tabelle *klasse* eigentlich kein Wert angezeigt.

Diese einfache JOIN-Anweisung verknüpft die Tabellen über die Spalten und zeigt nur die Zeilen an, bei denen die Werte in den beiden Spalten gleich sind. Daher bezeichnet man diesen JOIN häufig als INNER JOIN oder EQUI JOIN (vgl. Bild 76).

Die Verwendung des LEFT- bzw. RIGHT-Schlüsselwortes mit der JOIN-Klausel ermöglicht die Anzeige von nicht übereinstimmende Datensätzen in den Tabellen. Dabei zeigt der LEFT JOIN auch die Datensätze in der linken Tabelle an, die keine übereinstimmenden Werte in der rechte Tabelle haben.

Im Beispiel *Schulverwaltung* überprüft man mit einer Abfrage die Tabellen *lehrer* und *fach_lehrer*, um die Zuweisung der Lehrkräfte zu den Fächern zu verifizieren. Eine LEFT JOIN-Klausel in dieser Abfrage mit der Syntax von Bild 109 liefert als Ergebnis alle Datensätze der linken Tabelle (*lehrer*) zurück, auch wenn kein Eintrag in der rechten Tabelle vorhanden ist.

```
1  mysql> select l_name, l_vorname, fach_lehrer.l_id
2     -> from lehrer left join fach_lehrer using (l_id);
```

Bild 109: SQL-Anweisung mit der LEFT JOIN-Klausel

```
1   +------------+------------+------+
2   | l_name     | l_vorname  | l_id |
3   +------------+------------+------+
4   | Krause     | Otmar      |    1 |
5   | Renner     | Karlheinz  |    2 |
6   | Balou      | Benedikt   |    3 |
7   | Spießbauch | Marita     |    4 |
8   | Renner     | Lieselotte |    5 |
9   | Renner     | Lieselotte |    5 |
10  | Maierbach  | Heinz      |    6 |
11  | Maierbach  | Heinz      |    6 |
12  | Schlaak    | Nico       | NULL |
13  | Platsch    | Luis       | NULL |
14  | Zufall     | Rainer     |   19 |
15  | Zufall     | Rainer     |   19 |
16  | Blind      | Hans       |   20 |
17  | Kurrer     | Hans       |   21 |
18  | Kurrer     | Hans       |   21 |
19  | Kurrer     | Hans       |   21 |
20  | Schalk     | Otto       |   22 |
21  | Schalk     | Otto       |   22 |
22  | Schalk     | Otto       |   22 |
23  | Wiesel     | Fritz      |   23 |
24  | Wiesel     | Fritz      |   23 |
25  | Schweiß    | Axel       |   24 |
26  | Schweiß    | Axel       |   24 |
27  | Urlaub     | Fahrin     |   25 |
28  | Urlaub     | Fahrin     |   25 |
29  +------------+------------+------+
30  25 rows in set (0.00 sec)
```

Bild 110: Ausgabe zur SQL-Anweisung von Bild 109

In diesem Fall wird für den Datensatz der linken Tabelle ein NULL-Wert in die Spalte fach_lehrer.l_id eingetragen (Zeilen 12 und 13; Bild 110). Dies kann sehr nützlich sein, um Inkonsistenzen oder Fehler in den Datensätzen der verbundenen Tabellen zu finden. In der *Schulverwaltung* können daher alle Lehrkräfte, die noch keinem Fach zugeordnet sind, mit diesem SQL-Statement (Bild 111) ermittelt werden:

```
1    mysql> select l_name, l_vorname
2       -> from lehrer left join fach_lehrer using (l_id)
3       -> where fach_lehrer.l_id is null;
```

Bild 111: SQL-Anweisung für die Überprüfung auf NULL-Werte

Die zugehörige Ausgabe liefert die beiden Lehrkräfte, die noch nicht zugewiesen wurden (vgl. die entsprechende Access-Abfrage 74).

Das Ergebnis einer Abfrage ist eine temporäre Tabelle, die dem Benutzer eine bestimmte – nämlich die von ihm gewünschte – Ansicht (*view*) auf die Daten ermöglicht. Dies entspricht genau der Forderung der ANSI-SPARC-Architektur für die externe Ebene eines DBMS (vgl. Bild 5). Diese Ansicht kann auch in MySQL dauerhaft gespeichert werden, indem ein entsprechender *VIEW* erzeugt wird. Dies erreicht man mit dem SQL-Befehl CREATE VIEW. Die grundsätzliche Syntax zeigt Bild 112.

```
CREATE VIEW view-Name AS Select-Anweisung

Select-Anweisung:
  SELECT Spaltenanmen
  FROM Tabellenname
  WHERE Anweisungen, Bedingungen
```

Bild 112: Vereinfachte Syntax der SQL-Anweisung CREATE VIEW

Im Beispiel *Schulverwaltung* kann damit die Abfrage nach den SchülerInnen der W13D als *VIEW* mit dem Namen *liste_w13d* angelegt werden (Bild 113).

```
1    mysql> create view liste as
2       -> select s_name, s_vorname, k_name
3       -> from schueler
4       -> join klasse using (k_id)
5       -> where k_name='W13D';
6    Query OK, 0 rows affected (0.00 sec)
```

Bild 113: Erzeugung eines *views* mit einer SQL-Anweisung

Hier gibt es allerdings Einschränkungen bei den Optionen (z.B. ist kein ORDER BY möglich). Nähere Informationen dazu findet man – wie immer – in den zahlreichen Nachschlagewerken und den Online-Dokumentationen.

Eine weitere Einschränkung gilt für die Namensvergabe. Da die *VIEWS* im Tabellenbereich der MySQL-Datenbank abgespeichert werden (siehe Bild 115), können keine Namen verwendet werden, die bereits für die Tabellen vergeben sind. Auch hier bietet sich eine einheitliche Benennungsvorschrift an.

Die Ergebnismeldung in Zeile 6 (Bild 113) deutet auch darauf hin, dass lediglich die Ansicht, nicht aber die Daten (neu) gespeichert werden. Erst bei der Anzeige des VIEWS mit Hilfe einer SELECT-Anweisung werden die gewünschten Daten aus den Tabellen ermittelt – die Abfrage also ausgeführt. Die bei der CREATE VIEW nicht möglichen Optionen können dann bei dieser Abfrage gesetzt werden (Zeile 2; Bild 114).

```
1   mysql> select * from liste
2       -> order by s_name;
3
4   +--------------+--------------+--------+
5   | s_name       | s_vorname    | k_name |
67  +--------------+--------------+--------+
8   | Bauer        | Christopher  | W13D   |
9   | Biebel       | Stefan       | W13D   |
10  | Csiki        | Judith       | W13D   |
11  | Forrai       | Jennifer     | W13D   |
12  | Gamel        | Katharina    | W13D   |
13  | Krammer      | Christine    | W13D   |
14  | Kürzinger    | Judith       | W13D   |
15  | Köhler       | Tanja        | W13D   |
16  | Lachermeier  | Ute          | W13D   |
17  | Lackermeier  | Erika        | W13D   |
18  | Mayer        | Regina       | W13D   |
19  | Miesl        | Alexander    | W13D   |
20  | Mühlbauer    | Leopold      | W13D   |
21  | Rutsch       | Doreen       | W13D   |
22  | Sander       | Stephanie    | W13D   |
23  | Schwing      | Katharina    | W13D   |
24  | Schäfer      | Sebastian    | W13D   |
25  +--------------+--------------+--------+
26  17 rows in set (0.00 sec)
```

Bild 114: Ausgabe des *views* aus Bild 113

Die angelegten Ansichten (*VIEWS*) erscheinen dann bei der Auflistung der Tabellen (Bild 115).

```
1    mysql> show tables;
2    +---------------------------+
3    | Tables_in_schulverwaltung |
4    +---------------------------+
5    | fach                      |
67   | fach_lehrer               |
8    | klasse                    |
9    | klasse_fach               |
10   | lehrer                    |
11   | liste_w13d                |
12   | schueler                  |
13   +---------------------------+
14   7 rows in set (0.00 sec)
```

Bild 115: Ausgabe der Tabellen und *VIEWS* der *Schulverwaltung*

Aufgaben

A 44 ○ *Informieren Sie sich über die* wildcards *für REGEXP und formulieren Sie die in diesem Kapitel beschriebenen SQL-Statements mit dem REGEXP-Operator.*

A 45 ○ *Formulieren Sie eine SQL-Anfrage, die:*
- *die Spalten (Attribute)* s_name, s_vorname *und*
- *alle Schülerinnen, der Vorname mit einem 'R' beginnt und mit einem 'e' endet, anzeigt!*

A 46 ○ *Formulieren Sie eine SQL-Anfrage, die:*
- *die Spalten (Attribute)* s_name, s_vorname, s_geburtsdatum *und*
- *alle Schüler – sortiert nach ihrem (aktuellen) Alter – anzeigt!*

A 47 ○ *Formulieren Sie SQL-Anfragen, die für jede Klasse der Schulverwaltung eine alphabetisch sortierte Klassenliste (= neue Tabelle) erstellt. Die Spalten (Attribute):* s_name, s_vorname, s_geburtsdatum *müssen in jeder Tabelle angelegt werden. Informieren Sie sich dabei über die verschiedenen Optionen der jeweiligen SQL-Befehle und setzen Sie diese sinnvoll ein.*

A 48 ○ *Formulieren Sie SQL-Anfragen, die alphabetisch sortierte Schülerlisten für drei verschiedene Religionsunterrichte (katholisch, evangelisch, Ethik) erstellt. Folgende Spalten (Attribute):* s_name, s_vorname, s_geburtsdatum, klassen_name *müssen in jeder Tabelle angelegt werden. In-*

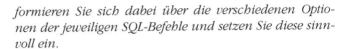

formieren Sie sich dabei über die verschiedenen Optionen der jeweiligen SQL-Befehle und setzen Sie diese sinnvoll ein.

A 49 ○ *Erstellen Sie die SQL-Anfrage aus Bild 107 ohne die JOIN-Klausel, d.h. mit der Verwendung einer geeigneten WHERE-Anweisung. Recherchieren Sie dann den Unterschied zwischen diesen beiden Abfragearten (Hinweis: Vergleich der Laufzeiten und Größe der Zwischentabelle).*

A 50 ○ *Formulieren Sie eine SQL-Anfrage, die die Namen aller Schülerinnen ausgibt, die im Beispiel* Schulverwaltung *nicht von der Lehrkraft Otmar Krause unterrichtet werden.*

A 51 ○ *Wenden Sie die Aufgabenstellung A 23 mit Hilfe der entsprechenden SQL-Anweisungen für die MySQL-Datenbank Schulverwaltung an.*

A 52 ○ *Erstellen Sie eine Übersicht, in der Sie die verschiedenen Abfragearten von Microsoft® Access den entsprechenden SQL-Statements für eine MySQL-Datenbank gegenüberstellen.*

A 53 ○ *Recherchieren Sie die Unterschiede zwischen einem MySQL-VIEW und einer in Microsoft® Access abgespeicherten Abfrage.*

5.4   Formulare und Berichte

Im Gegensatz zu Microsoft® Access verfügt eine MySQL-Datenbank grundsätzlich nicht über die Möglichkeit, benutzerfreundliche Bildschirmmasken für die Datenverwaltung zu erstellen (sog. Formulare). Auch die Ausgabe der Daten erfolgt bei MySQL grundsätzlich auf dem Bildschirm und nicht auf dem Drucker (in sog. Berichten).

Will man diese – benutzerfreundlichen – Möglichkeiten nutzen, bietet sich eine Kombination der beiden Datenbanksysteme an. Aufgrund der Leistungsfähigkeit und Stabilität der MySQL-Datenbank empfiehlt sich diese als sog. *backend*-Datenbank einzurichten. Wie bereits im Kapitel 4 kurz angedeutet, enthält die MySQL-Datenbank lediglich die Tabellen (Daten und Definitionen), während das grafisch orientierte Microsoft® Access als sog. *frontend*-Datenbank konfiguriert wird, d.h. über Verknüpfungen auf die Tabellen der MySQL-Datenbank zugreift.

Diese Verknüpfungen zwischen den beiden Systemen erfolgt über ODBC[14], eine spezielle (standardisierte) Schnittstelle, die einen Zugriff über SQL-Befehle ermöglicht. Die passende MySQL-ODBC-Software (oft verkürzt als *ODBC-Treiber* bezeichnet) muss – natürlich – auf dem Anwendersystem installiert sein. Die derzeit aktuelle Software (Version 5.0) erhält man unter http://dev.mysql.com/downloads/connector/odbc/5.0.html. Es steht dort eine .msi (Windows-Installer-Datei) zum Download bereit. Die Installation (und ggf. auch das Entfernen) erfolgt dann nach den üblichen Mechanismen des Windows-Installers und zeigt keinerlei Besonderheiten (Bild 116).

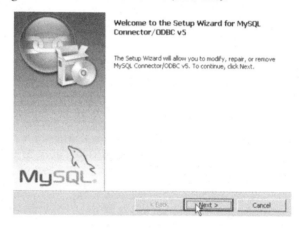

Bild 116: Installation des MySQL-ODBC-Treibers

Nach der erfolgreichen Installation muss der Treiber konfiguriert werden, damit eine MySQL-Datenbank über Microsoft® Access angesprochen werden kann. Unter Windows2000 und WindowsXP erreicht man das Konfigurationsmenü über SYSTEMSTEUERUNG → VERWALTUNG → DATENQUELLEN (ODBC) (① und ② in Bild 117). Im sich dann öffnenden ODBC-Datenquellen-Administrator (③ in Bild 117) kann eine neue „Benutzerdatenquelle" hinzugefügt werden (④ in Bild 117). Die Wahl des Tab „Benutzer-DSN[15]" oder „System-DSN" legt fest, ob nur der Benutzer, der die MySQL-ODBC konfiguriert, oder alle bekannten Benutzer des Betriebssystems (bei „System-DSN") Zugriff darauf

---

[14] Open DataBase Connectivity

[15] Data Source Name

haben. Mit der Auswahl des „MySQL Connector/ODBC v5 (⑤ in Bild 117) und der Bestätigung („Fertigstellen") wird ein Dialogfenster geöffnet, in dem die Verbindungdaten für den MySQL-Server eingegeben werden.

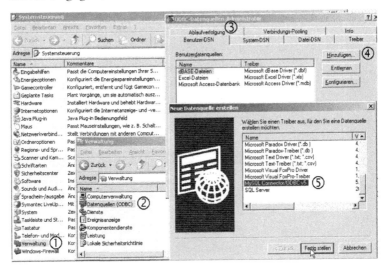

Bild 117: Konfiguration der MySQL-ODBC

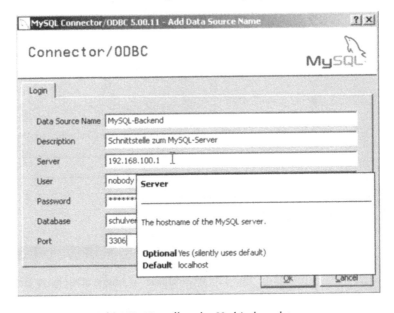

Bild 118: Einstellen der Verbindungdaten

Das Dialogfenster (Bild 118) ist gut mit kontextsensitiven Hilfen ausgestattet und daher fast selbsterklärend. Die Angaben zu *Server*, *User* und *Password* sind an dieser Stelle optional. Werden diese hier nicht eingetragen, fragt der ODBC-Treiber sie beim Zugriff (von einer beliebigen Anwendung) auf den Server mit einem Dialog ab. Dies ist bei sensiblen Daten empfehlenswert.

Mit der vollständig eingerichteten MySQL-ODBC kann jetzt von Microsoft® Access auf die MySQL-Datenbank *schulverwaltung* zugegriffen werden. Die Einrichtung dieser Datenbank als *frontend* erreicht man über das „Verknüpfen" der Tabellen (*pop-up-Menü* über die rechte Maustaste im Datenbankfenster – vgl. Bild 119).

Bild 119: „Verknüpfen" von Tabellen in Microsoft® Access

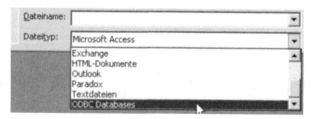

Bild 120: Auswahl des richtigen „Dateityps" für die Verknüpfung

Mit der Wahl des richtigen „Dateityps" im nächsten Dialogfeld (Bild 120) erreicht man einen weiteren Dialog („Datenquelle auswählen" – Bild 121), in dem man die vorher (siehe Bild 118) konfigurierte MySQL-Datenbank auswählen kann.

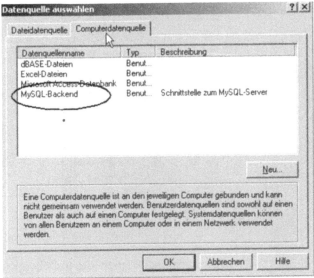

Bild 121: Dialogfeld für die Auswahl der MySQL-Datenbank

Sind die eingegebenen Verbindungsdaten korrekt und klappt die Verbindung zum MySQL-Server, sollten jetzt in einem Dialogfeld alle Tabellen der MySQL-Datenbank *schulverwaltung* sichtbar sein (Bild 122).

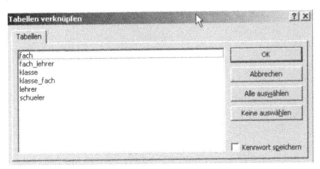

Bild 122: Tabellen der MySQL-Datenbank *schulverwaltung*

Nach der Auswahl und Bestätigung zeigt Microsoft® Access die „verknüpften" Tabellen im Datenbankfenster mit einer kleinen Weltkugel an (Bild 123). Mit einem Doppel-Klick auf die entsprechende Tabelle öffnet sich diese in der sog. „Datenblattansicht" (vgl. Bild 57) und es können Daten eingetragen oder geändert werden (vgl. Bild 58).

Bild 123: „Verknüpfte" Tabellen im Datenbankfenster

Logischerweise können die Tabellendefinitionen der „verknüpften" Tabellen nur über die MySQL-Datenbank geändert werden. Der Zugriff auf die Daten der Tabellen über Abfragen, Formulare oder Berichte ist aber möglich. Hierbei ist aber zu beachten, dass Microsoft® Access mit Hilfe von ODBC nur über SQL-89-Befehle auf MySQL zugreift. Für einen Einsatz von SQL-92-Befehlen muss der sog. OLE DB-Treiber (über ADO) verwendet werden. Damit ist Microsoft® Access ein (fast) vollständiges *frontend* zu einer MySQL-Datenbank.

Literatur

BALZERT, H. (1996): Lehrbuch der Software-Technik. Spektrum Akademischer Verlag; Heidelberg u.a.

CHEN, P. & KNÖLL, H.-D. (1991): Der Entity-Relationship-Ansatz zum logischen Systementwurf : Datenbank- und Programmentwurf; BI-Wissenschafts-verlag; Mannheim

CHEN, P. (1976): The Entity-Relationship Model – Toward a Unified View of Data, In: ACM Transactions on Database Systems, Vol 1, No 1

CODD, E.F. (1970): A relational model of data for large shared data banks. In Comm. ACM, 13, 6 (Juni 1970; 377-387)

DUDEN-Fremdwörterbuch. (1997) Duden-Verlag; Mannheim

DYER, R. & SCHULTEN, L. (2006): MySQL In A Nutshell. O'Reilly-Verlag

HUBWIESER, P. (2000): Didaktik der Informatik. Springer-Verlag; Berlin u.a.

TSICHRITZIS, D.C. & KLUG, A. (eds) (1978): The ANSI/X§/SPARC DBMS Framework: Report of the Study Group on Data Base Management Systems – Information Systems 3;

Schlagwortverzeichnis

IT-Berufe

Manfred Wünsche

BWL für IT-Berufe

Ein praxisorientierter Leitfaden für kaufmännische Berufsfelder
2007. XXV, 404 S. mit 36 Abb. u. Online-Service. Br. EUR 24,90
ISBN 978-3-8348-0145-6

Kaufmännisches Denken: Planen, Steuern, Kontrollieren - Marketing, Organisation und Personalwirtschaft - Beschaffungs- und Produktionswirtschaft, Finanzierung - Buchführung, Steuern, Kostenrechnung und Controlling

Manfred Wünsche

Prüfungsvorbereitung für IT-Berufe

Die wirklich wichtigen Prüfungsinhalte, nach Lernfeldern sortiert -
Übungsaufgaben mit kommentierten Lösungen
2., akt. Aufl. 2006. XIV, 240 S. mit Online-Service. Br. EUR 19,90
ISBN 978-3-8348-0212-5

Wolf-Gert Matthäus

Java für IT-Berufe

Das Lehr- und Begleitbuch für den Unterricht
2005. XX, 394 S. mit 219 Abb. u. Online-Service. Br. EUR 24,90
ISBN 978-3-8348-0009-1

Andreas M. Böhm/Bettina Jungkunz

Grundkurs IT-Berufe

Die technischen Grundlagen verstehen und anwenden können
2005. XIV, 434 S. mit 302 Abb. u. Online-Service. Br. EUR 24,90
ISBN 978-3-528-05913-2

vieweg

Abraham-Lincoln-Straße 46
65189 Wiesbaden
Fax 0611.7878-400
www.vieweg.de

Stand 1.7.2007. Änderungen vorbehalten.
Erhältlich im Buchhandel oder im Verlag.